Este diário pertence a:

Gaby Cabral

obs: mas pode folhear à vontade! ;-)

Just Gaby

e seu diário

Gaby Cabral

novo século®

São Paulo, 2016

COORDENAÇÃO EDITORIAL
Vitor Donofrio

AQUISIÇÕES
Cleber Vasconcelos

EDITORIAL
Giovanna Petrólio
João Paulo Putini
Nair Ferraz
Rebeca Lacerda

PREPARAÇÃO
Samuel Vidilli

PROJETO GRÁFICO E DIAGRAMAÇÃO
Vitor Donofrio

CAPA
Inácio Eugênio

FOTOS
Rouvier

REVISÃO
Lótus Traduções

Texto de acordo com as normas do Novo Acordo Ortográfico da Língua Portuguesa (1990), em vigor desde 1º de janeiro de 2009.

Dados Internacionais de Catalogação na Publicação (CIP)

Cabral, Gaby
Just Gaby (e seu diário)
Gaby Cabral
Barueri, SP: Novo Século Editora, 2016.

1. Cabral, Gabryella, 1997 – biografia. 2. Literatura juvenil 3. Jovens – Comportamento 4. YouTube (recurso eletrônico) I. Título

16-0759 CDD-920

Índice para catálogo sistemático:
1. Cabral, Gabryella, 1997 – biografia 920

NOVO SÉCULO EDITORA LTDA.
Alameda Araguaia, 2190 – Bloco A – 11º andar – Conjunto 1111
CEP 06455-000 – Alphaville Industrial, Barueri – SP – Brasil
Tel.: (11) 3699-7107 | Fax: (11) 3699-7323
www.novoseculo.com.br | atendimento@novoseculo.com.br

novo século®

Sumário

Como tudo começou

Não poderia começar este livro sem antes contar como tudo se iniciou.

Comecei a escrever desde muito nova e, ao longo desse tempo, vivenciei muitas coisas que, tenho certeza, toda adolescente já passou ou vai passar. Mas vamos do começo!

Aos catorze anos, quase quinze, resolvi criar um blog intitulado "Gabryella Cabral". Seria um espaço só meu, no qual poderia escrever sobre coisas das quais gostava e vivenciava diariamente, sendo o principal tópico o mundo da moda. Escrevia para ninguém mais ninguém menos do que eu mesma. Havia criado apenas porque tinha paixão por escrever e isso parecia ser divertido nas horas vagas. Não tinha a mínima noção de que um tempo depois as visualizações, antes quase inexistentes, iriam crescer, e comentários sobre o quanto eu escrevia bem também iriam surgir. Fui tentando aos poucos melhorar aquele espaço; afinal, ele já não era mais visto apenas por mim.

Aos dezesseis anos, as coisas cresciam gradativamente, e eu só conseguia sentir mais paixão por tudo aquilo. Criar conteúdo para o blog era o que eu mais amava no mundo. Resolvi, então, transformar o "Gabryella Cabral" em um site: "Just Gaby". Just vem do inglês e significa "apenas", e esse nome surgiu porque as pessoas sempre me perguntavam se eu fazia tudo sozinha, se não tinha uma "mãozinha" de outras pessoas para criar postagens e para escrever. Elas simplesmente não acreditavam no fato de que uma adolescente havia criado algo que aparentemente estava fazendo "sucesso" no seu meio. Sempre que ia responder à pergunta, eu falava "just me" (apenas eu), e foi daí que resolvi juntar isso ao meu nome. Just Gaby.

(Engraçado que alguns amigos brincam hoje em dia e dizem que o nome "just" surgiu por causa do meu amor pelo cantor Justin Bieber. Acho engraçado... Não é que é um bom pensamento? Meu apelido aos poucos se tornou "Justin", pelos dois motivos.)

Lembro-me bem de que meus dezesseis anos foram a época em que mais senti prazer em me vestir, em pegar roupas antigas do guarda-roupa e sair montando diversas produções diferentes. Essa era a parte mais divertida de tudo! Fui eleita pela revista *Capricho* como uma das "It Girls" do seu site.

Aos dezessete anos, o ritmo seguia o mesmo, e a vontade de conquistar mais e mais coisas só aumentava.

No ano seguinte, com dezoito anos, fui capa de duas revistas locais, tive uma matéria sobre meu blog publicada na revista *Capricho* e viajei a São Paulo para acompanhar pela primeira vez o São Paulo Fashion Week, onde tive o prazer de presenciar tudo o que sempre comentava no blog desde o início, dessa vez de pertinho. Já acumulava um tanto de conquistas, que, parando pra pensar, foram muitas, e a gratidão que tenho por cada uma delas é infinita, pois sei que cada uma foi do meu jeito e fazendo o que realmente amo.

Naquele mesmo ano, resolvi dar início a uma nova *tag* no blog "Textos". Estava frustrada com o meu futuro (vou contar um pouco mais adiante) e precisava desabafar. Já havia publicado alguns textos de outros autores, e as visualizações tinham sido, no mínimo, as de sempre. Seria óbvio que se eu publicasse um texto assinado por mim aconteceria o mesmo – ou pelo menos era assim que eu pensava.

Nunca havia tido coragem de publicar um texto em forma de diário no blog. Sei lá. Apenas não parecia interessante... Mas naquele dia eu sabia que precisava desabafar, mesmo sabendo que ninguém iria ler. Poucos minutos depois de publicar, me deparei com uma quantidade de acessos e comentários nunca antes alcançada pelo blog, e foi quando eu vi que realmente o "Just Gaby" deveria seguir outro rumo: textos escritos por mim.

Foi, com certeza, a melhor descoberta da minha vida.

Eu amo poder compartilhar situações pelas quais passei, ou apenas simples pensamentos sobre o futuro.

Hoje, aos dezenove anos, sinto as coisas tomando um rumo cada vez maior. Neste livro você vai poder me conhecer de um jeito completamente diferente, descobrir histórias pelas quais eu ou minhas amigas já passamos. Histórias que uma adolescente, assim como qualquer outra, também já vivenciou.

Não sou nada diferente de você; já fracassei tantas vezes que perdi a conta. Assim como você. Eu sei como é se sentir a única pessoa que está passando por uma situação difícil.

E, pensando bem, talvez este não seja um livro com histórias minhas, talvez seja um cabo de resgate para você. De mim para você.

Porque, acredite em mim, sempre há um jeito de fazer a coisa certa. Mesmo que seja só um relacionamento.

"É exatamente isso que eu quero para mim.
Quero que as pessoas confiem em mim,
apesar de qualquer coisa que tiverem ouvido.
E, mais do que isso, quero que me conheçam.
Não aquilo que pensavam saber ao meu respeito.
Mas eu de verdade."

(Desconhecido)

Sobre começar novos projetos

Já notou tudo o que fazemos pelo que gostamos? Já notou que, quando realmente quer algo, você faz isso acontecer?

Sempre vou acreditar nessa teoria de que, quando você quer, até as montanhas se movem. Creio nisso porque todas as coisas que conquistei até hoje se deram graças a esse pensamento, que é muito forte para mim. Eu nunca tive ninguém me segurando, tampouco dando um jeitinho de as coisas acontecerem: sempre fui eu, desde o comecinho, quando eu tinha só catorze anos.

Ninguém nunca acreditou em mim logo de cara, mas eu sempre soube que seria capaz e, por isso, por mais tempo que demorasse, sempre consegui o que queria.

Meu primeiro grande projeto foi começar o blog. Lembro que aos quinze anos eu ia de loja em loja buscando uma mínima oportunidade. Tinha todo o discurso pronto e apenas alguns papéis falando um pouco sobre o meu trabalho e tudo o mais, uma espécie de currículo feito da maneira mais amadora possível. Levei muita porta na cara, viu? Muita gente que não fazia ideia – com toda razão – do que uma garota naquela idade estava fazendo ali.

Quando eu ouvi o primeiro "sim", não podia acreditar. Lembro que quando fui contar para minha mãe, totalmente eufórica, ela sabia o quanto aquilo significava para mim e me deu todo o apoio, mesmo não tendo a menor ideia de aonde isso me levaria. Isso com certeza também foi fundamental para meu crescimento.

A partir daquele dia, vi que era capaz de conquistar tudo o que quisesse, e desde então não me canso. Sempre que chego a um lugar, procuro observar aonde mais eu posso ir. Dar sempre o melhor de mim: é isso que eu desejo cada dia. Vez ou outra me pego pensando em quem eu era e em quem eu sou nos dias de hoje, como eu cresci, como me permiti mudar dia após dia e em quantas coisas eu conquistei ao longo desse – nada fácil – percurso.

Escutei muita gente falando todo o tipo de coisa, principalmente que eu não era ninguém e que não tinha "nome" para obter sucesso, ou seja, que eu não era rica o suficiente para chamar atenção. Algumas vezes, deixava isso me desanimar um pouco, e, em tantas outras, vi que não consegui chegar a tal canto porque as pessoas visavam demais quem tinha dinheiro. Isso podia me desanimar por um tempo, mas me impulsionava a querer mostrar que eu era sempre maior do que aquilo, e hoje, quando paro para ver as minhas conquistas, sei que trilhei meu caminho bem, que o construí sem precisar de alguém "por trás" para fazer aquilo acontecer.

Aos dezessete anos eu já tinha uma liberdade financeira muito boa para alguém da minha idade, o suficiente para eu me virar sozinha em diversos casos. Aprendi a administrar o que eu tinha, e vez ou outra, mesmo que não precisasse nem um pouco, gostava de ajudar meus pais a pagar alguma coisa pelo simples prazer de saber que eu poderia fazer aquilo. Aprendi que por mais que eu conquistasse coisas melhores a cada dia, isso nunca seria o suficiente para calar a boca dos que diziam que eu nunca seria capaz. Sabe por quê? Porque esse tipo de pessoa nunca é capaz de admirar o crescimento de outra, então, por mais que eu consiga reinos, ela nunca estará apta para aplaudir, isso é um tipo de humildade que nunca terá, mas eu espero que um dia busque alcançar.

Eu era muito orgulhosa de mim.

Quando decidi escrever um livro, ouvi diversas pessoas próximas falarem coisas do tipo: "Preocupe-se em estudar", "É melhor você continuar do jeito que está para não se arrepender depois", "*Você* escrever um livro? Me poupe". É realmente de revirar os olhinhos cada vez que se escutam coisas desse tipo. Claro, também tive o apoio de meninas que já amavam o que eu escrevia nos textos do blog.

Escrever um livro definitivamente seria a minha maior aventura, e eu sentia um prazer tão grande por tudo o que eu já escrevia que... por que não tentar? E a cada texto e página deste livro não posso expressar o quanto sou grata. Não tenho a menor ideia de no que isso var dar, mas tenho certeza de que todas as noites em claro e todas as experiências vividas vão valer a pena para mostrar mais uma vez que eu sou capaz. Sou capaz de criar novos projetos e me aventurar.

Qual será o próximo projeto? Não tenho a mínima ideia, mas sei que não vou parar até conseguir.

E você? Qual é o seu grande projeto? Já colocou tudo no papel? Agora é a hora de botar as garras para fora e correr atrás, custe o que custar.

Estou torcendo por você!

Este capítulo combina com
"Love Myself",
de Hailee Steinfeld

Sobre se apaixonar

Sabe aquela sensação de friozinho na barriga? Aquele sorrisinho de canto quando chega *aquela* mensagem? E o jeito como você fica quando fala ou falam *daquela* pessoa?

A sensação de se apaixonar é muito boa, né? E, por mais que em diversas vezes prometamos a nós mesmas que nunca mais vamos permitir que esse sentimento nos machuque, isso acaba sendo inevitável. Como controlar a sensação gostosa que é conhecer alguém novinho em folha, e ainda mais aprender a gostar dele aos pouquinhos com suas atitudes e com a convivência? Eu acho que uma das partes mais bonitas de se apaixonar vai além de a pessoa ser linda, radiante e combinar totalmente com você, mas sim amar alguém mesmo com todos os defeitos, que claramente todos nós temos. Aprender a ver o melhor e o pior de cada pessoa é parte fundamental de qualquer relacionamento. É também a parte mais verdadeira.

Apesar de todas as decepções pelas quais já passei em cada relacionamento, pelo pedacinho de mim que cada "eu te amo" levava junto e, em tantas vezes, pela ilusão de algo eterno, vez ou outra me vejo agradecendo por cada um desses momentos. Sempre que termino um relacionamento, por exemplo, torno a repetir a frase "Eu juro que nunca mais me apaixono novamente. Só quebro a cara". PUF! Até parece! Eu faço parte do time de garotas que sonha com o conto de fadas perfeito. Afinal, é isso que todos os filmes nos ensinam ao longo de toda a nossa vida, né? A história perfeita, o cara que vamos conhecer num dia qualquer e com quem vamos ter um final feliz.

Tantas e tantas vezes eu fiquei tão focada em achar o meu "final feliz" que na maioria das vezes me decepcionei pelo simples motivo de não saber distinguir os que iriam ficar daqueles que iriam embora mais rápido do que eu imaginava. Sempre que me apaixonava acabava esquecendo uma parte de mim, acabava colocando de lado o fato de que me amar era sempre a parte mais importante de qualquer paixão. E eu já tive tantos finais e recomeços por aí, sempre levando os finais como algo devastador... Mas hoje consigo perceber que talvez o meu final feliz não precisasse de um cara perfeito. Meu final feliz sempre se resumiu em ninguém mais, ninguém menos do que em mim. Juntando os pedaços e recomeçando, ficando livre para algo melhor no futuro, criando novos projetos e me reinventado a cada dia.

Hoje em dia, eu consigo ver o tão falado final feliz como apenas uma coisa: seguir em frente.

Mas como seria possível deixar de acreditar no amor? Mesmo com todas as decepções, os corações partidos e os encontros mais furados, mesmo com todos os sinais mal interpretados, com toda dor e vergonha, nós nunca desistimos. Por mais que tornemos a repetir aquela frase dezena de vezes, só nós sabemos a felicidade que um novo amor pode trazer e a forma como ele pode curar aquele que nos desgastou.

Apaixonar-se é nunca perder as esperanças de que tudo será sempre melhor; apaixone-se por alguém ou comece pela pessoa mais incrível que você conhece: você.

Este capítulo combina com **"Ghosts and Creatures"**, de Telekinesis

Quando você esquece quem realmente é

Às vezes passamos por algumas situações que nos fazem esquecer quem realmente somos; e não é porque temos certo pessimismo ou por termos zero de autoestima, mas sim por passarmos tantos problemas de uma vez que ser alguém diferente torna-se atraente. Vou explicar melhor com duas situações pelas quais passei.

A primeira foi à época em que comecei a ir com muita frequência a festas por conta dos problemas que estavam acontecendo na minha casa (mais para frente eu conto com detalhes sobre). Tudo começou quando eu viajei para o Rio de Janeiro e, como era final de semana, resolvi ir a algumas festas. A principal diferença era que lá ninguém me conhecia, então eu poderia aproveitar tudo da maneira que melhor achasse, digamos assim: dançando feito louca e conversando com todos os caras – nunca mais os veria. Como eu moro em uma cidade relativamente pequena, boa parte das pessoas me conhece e comenta sobre cada movimento meu; ou seja, por eu ser considerada uma pessoa "pública", eu tinha que ter muito cuidado com tudo que fizesse, mas por outro lado eu só queria aproveitar a minha idade. Resultado? Me diverti horrores no Rio, conheci várias pessoas de lá e de outros países. Definitivamente, foram noites inesquecíveis.

Quando eu voltei para minha cidade, simplesmente coloquei na cabeça que iria aproveitar minha vida do melhor jeito possível, não importando o que os outros falassem; e como minha casa estava um caos, uma coisa juntou-se à outra e eu passei meses e meses indo para todas as festas que apareciam – todas com música eletrônica, no caso (meu estilo favorito!). Conheci diversas pessoas ao longo desses dias e era engraçado quando escutava alguém se dizer surpreso comigo: "Caramba, não imaginava que você era assim, Gaby!", "Sem dúvidas a melhor blogueira", "Você é muito divertida, Gaby!".

Não que eu fosse uma pessoa diferente, mas ninguém conhecia esse meu lado: ou eu tinha esquecido que ele existia ou as pessoas tinham um "preconceito" muito grande por eu ser blogueira.

A segunda foi quando eu conheci um cara. E antes que me interpretem errado, eu não quis ser alguém diferente para poder agradá-lo. Ele me conheceu do meu jeito, mas eu só fui me afastando disso aos poucos. De mim mesma e por mim mesma. Foi uma época bem tumultuada porque eu estava no "auge" do blog, conquistando minhas coisas aos pouquinhos, e meio que joguei isso tudo para o ar de uma vez e de uma hora para outra.

A questão era: sempre que eu começava um relacionamento precisava manter as coisas um pouco "sigilosas", digamos assim. Primeiro porque os caras, por algum motivo, se assustam um pouco ao se tornarem conhecidos também – acredite, quem está de fora não imagina como são realmente as coisas –, e segundo, por eu ser uma pessoa "pública", as pessoas se sentiam na liberdade de comentar sobre tudo o que acontecia na minha vida; alguns comentários eram meio "assustadores" para os caras que ficavam comigo, mas que não estavam acostumados com tanta intromissão.

Eu estava com uma pessoa incrível ao meu lado e que pela primeira vez parecia ser o cara certo para mim. Nós dois tínhamos uma sintonia sem igual! Era como se nos conhecêssemos há séculos, e tudo o que eu mais queria era "preservar" isso. Passamos meses juntos e eu nunca publiquei nada em nenhuma rede social. Também sumi um pouco porque, como passávamos muito tempo juntos, não tinha muito que falar ou mostrar algo sem que ele não aparecesse.

Resultado? Eu tinha me tornado a Gaby que nunca fui: uma menina quase comum, tendo um relacionamento comum.

Se você notar, ambas as situações ocorreram basicamente pelo mesmo motivo: eu sou um pouco mais conhecida; e com certeza você vai pensar "Ah, então você não gosta de ser blogueira" ou "Por que você ainda continua?". O que ninguém sabe é que na segunda situação eu também estava passando por problemas em casa.

O que eu quero dizer é que, algumas vezes, tudo o que mais queremos é desaparecer, é ser alguém diferente do que somos. Costumo dizer "desaparecer", mas tudo o que queremos, na verdade, é ser encontradas.

Só depois que parei para pensar bem nessas duas situações percebi como é importante saber o seguinte: independentemente do que aconteça em nossas vidas, não podemos esquecer quem nós somos, nossa essência. Mudar, crescer, é sempre importante, mas tornar-se alguém que você nunca foi só por um tempo não é saudável e uma hora ou outra isso vai te machucar muito.

Digo isso porque na primeira situação eu perdi quase todos aqueles "amigos" que fiz ao longo das festas: quando eu mostrei o meu outro lado, o da "Gaby blogueira", a grande maioria não conseguia entender e fazia piada disso. E na segunda situação, bem... Uma hora as coisas iam ter que aparecer. Eu não poderia me "esconder" para o resto da vida, e quando elas apareceram não deu muito certo. Não o leve a mal, ainda somos amigos, mas a "exposição" era demais.

A coisa mais bonita é você *ser* quem realmente é. Você só colhe coisas boas e só preserva ao seu lado quem gosta de você pela sua essência, quem gosta de você por inteiro.

Lembre-se sempre: você é única!

SEG TER QUA QUI SEX SAB

Este capítulo combina co
"Don't Be So Hard on You
de Jess Glynne

Não seja tão dura consigo mesma

Estava aqui pensando em algumas coisas que me aconteceram e rindo um pouco. Chega a ser engraçado o fato de que sempre que *alguém* dizia que me odiava, *eu* me odiava ainda mais. Dá para acreditar? Que tola!

Já passei por tantas situações que me machucaram profundamente por pensar assim.

E eu não falo de pessoas que nem me conhecem e que dizem me odiar, mas daquelas que chegaram a me conhecer e depois criaram uma raiva sem fim de mim.

Uma das situações mais marcantes foi quando um ex-namorado simplesmente terminou comigo "do nada" – um tempo depois soube que ele estava apaixonado por outra, *yeah!* – e depois disso passou a me odiar por qualquer coisa que eu fizesse, como ficar amiga de alguém próximo a ele, ou por situações que nem o incluíam. O cara me bloqueou em todas as suas redes sociais e eu fiquei muito atrapalhada com tudo aquilo, só queria entender o porquê de tanta raiva. Eu não era uma pessoa ruim... Não é?

Um tempo depois recebi algumas mensagens não muito agradáveis de pessoas próximas a ele e logo em seguida um telefonema do próprio. Algo que não foi *nada* agradável. Fiquei muda ao telefone. Em choque. O cara me deixou mais rasa que o chão, falando coisas terríveis, que lá no fundo eu sabia que não eram verdadeiras. Mas por que ele falaria com tanta convicção sobre uma coisa que eu não era?

Resumindo: depois daquela ligação acreditei em tudo aquilo que ele disse ao meu respeito e me senti um lixo. Talvez o motivo de ele me odiar tanto seria por eu realmente ser aquela pessoa... Só conseguia me odiar.

Eu preferi acreditar no que um menino mimado estava falando a meu respeito do que em mim mesma. Isso existe?! Bom, só sei que me devastou completamente. Passei vários dias arrasada; sempre que eu o encontrava em algum lugar abaixava minha cabeça. Foi terrível! Não sabia mais quem eu era.

Digo e repito sempre que precisar: nunca deixe ninguém menosprezar você.

Essa é só uma das situações pelas quais passei em que fiquei muito triste por alguém de quem eu gostava falar assim de mim, mas já sofri – e muito – com pessoas que nem me conheciam e diziam me odiar. Doía na alma! Porém, com o tempo, fui aprendendo que autoestima é tudo e que muitas vezes o melhor que você pode fazer é dizer um belo "Foda-se" acompanhando de um "Não estou nem aí".

Sabia, dentro de mim, que eu não era nada daquilo. Às vezes pessoas apenas enxergam o que elas querem e algumas, como o garoto da história, falam esse tipo de coisa apenas pelo simples "prazer" de ver o outro sofrer e poder rir um pouco com os amigos depois.

Uma das maiores lições que eu tirei com isso é que eu não posso ser tão dura comigo mesma. Eu me cobro demais e sempre dei grande importância ao que as pessoas falavam a meu respeito. O problema é que existem críticas e "críticas": algumas são construtivas e vão te impulsionar a ser melhor do que aquilo, mas outras – a grande maioria

– só servem para as pessoas poderem soltar um pouco do seu próprio veneno e não morrerem engasgadas com ele. Simples assim!

Ah! Sabe o cara da história? Dia desses ele chegou falando para uma das minhas melhores amigas algo do tipo "Vish... Agora tu é amiga dela, é?", e quando ela retrucou dizendo que gostava de mim e que eu fazia um bem enorme a ela, ele recuou na hora e disse que sempre gostou muito de mim também, mas que aconteceram coisas na época – "amizades" – que o fizeram sentir um leve rancor por mim, mas que hoje em dia estava tudo bem. AH, TÁ!

E não é que o mundo vez ou outra gira?!

Este capítulo combina cor
"Love Yourself",
de Justin Bieber

Sobre o amor-próprio e a autoconfiança

"De mil amores, o próprio."

Tão fácil de ser visto e falado, né? Parece simples, mas muitas vezes, entre uma situação e outra que nos acontece, esquecemos de nos amar antes de tudo. Ao longo deste livro, você vai ler diversas histórias pelas quais já passei e talvez, mas só talvez, conclua que na grande maioria delas me faltava um punhado de amor-próprio.

Esse, sem sombra de dúvidas, é o amor primordial da sua vida. Você não tem ideia do quanto é bonito uma pessoa que se ama antes de tudo. Você também não faz ideia do quanto isso a torna mais forte para qualquer situação que lhe aconteça, porque com o amor-próprio surge a autoconfiança. E uma pessoa confiante de si mesma... Ah, é capaz de conquistar o mundo inteirinho.

Recentemente alguém me disse que essa ideia de acreditar em si era muito bonita, que toda a minha garra para conquistar algo era porque eu confiava o suficiente em mim para saber que, por mais que demorasse um pouco, um dia daria certo.

Fiquei pensando sobre isso e não pude deixar de me ver feliz por ser vista assim. Eu realmente sou assim e sempre que queria muito uma coisa fazia de tudo para tê-la.

Mas nem sempre foi assim.

Não vou dizer que nunca me amei porque isso seria mentira, mas sempre que alguém me amava um pouquinho mais eu deixava isso completamente de lado. Por isso, me fizeram de besta tantas vezes e quando as coisas não seguiam como o planejado eu acabava mais triste do que na verdade deveria estar. Isso acontecia muito nos meus relacionamentos: às vezes aquilo estava me matando, me dilacerando, mas eu não tinha um pingo de coragem para terminar. Ficar sozinha parecia ser tão pior e, quem sabe, as coisas com o tempo não melhorariam, né? (Sempre fui muito esperançosa com tudo). Você pode chamar isso de ser carente ou de gostar de sofrer: eu com certeza chamo isso de falta de amor-próprio, porque é óbvio que quem se ama se basta. É óbvio também que quem se ama e confia em si sabe que não tem coisa que chame mais atenção em qualquer homem do que isso: autossuficiência. Essa é a palavra.

Ser sempre sua antes de ser de alguém. Com certeza você já deve ter ouvido falar daquele velho clichê: se você não é capaz de se amar, como será capaz de amar outra pessoa?

É bem por aí mesmo.

Não se preocupe: descobrir isso não é fácil, mas é necessário para mudar as coisas o quanto antes.

Saindo um pouco do conceito de amor-próprio e da autoconfiança no relacionamento para no trabalho/futuro, não vejo coisa mais bonita.

Que pessoa que se ama e confia em si mesma não consegue o que quer? Desde que comecei a ser assim na minha vida só venho colhendo mais e mais frutos e não poderia ser mais grata por isso.

Ame-se! Confie em si mesma! Você deve e pode conquistar tudo o que você quer e ser melhor do que qualquer coisa que lhe aconteça.

Garanto a você que as coisas irão mudar, mas não porque elas saíram do lugar, e sim porque agora você possui outros olhos.

E isso é único!

Mas só se você quiser!

SEG TER QUA QUI SEX SAB D

Este capítulo combina co
"Not Myself",
de John Mayer

Insegurança

Voltando ao assunto "falta de amor-próprio", acredito que em muitas vezes isso está totalmente associado à insegurança; devo confessar que, durante boa parte da minha vida, sempre fui muito insegura, um pouco fraca emocionalmente, do tipo de que muita gente acabava tirando vantagem, sabe?

A minha insegurança começou logo após o meu primeiro relacionamento. O cara me trocou pela minha melhor amiga. Tenho certeza de que foi naquele momento em que deixei de ter segurança em mim e "confiar no meu taco", digamos assim. Até aí as coisas ainda iam "bem", isso era algo só meu e que ninguém precisava saber, mas houve uma época em que isso simplesmente começou a transparecer.

Nunca tive ciúme, nem coisa do tipo; sempre fui tranquila... Até não ser mais segura de mim.

Eu virei aquele tipo de garota extremamente ciumenta, daquelas que o cara não pode dar dois passos e respirar.

As coisas só deram certo por tanto tempo porque ele também era do mesmo jeito, mas hoje quando paro para lembrar fico tentando saber o que se passava na minha cabeça e como eu conseguia sobreviver àquilo... era sufocante demais! O que me choca mais ainda é saber que o nosso relacionamento não terminou por esse motivo, mas sim por outro totalmente oposto; isso foi pior ainda, porque até aquele momento de término não notávamos que éramos ciumentos exagerados.

O ciúme que eu tinha era todo devido à minha insegurança, que ele me trocasse por outra amiga minha.

Ah! Dessa vez, nada de amizades demais com minhas amigas, viu? Esse também virou outro problema, porque eu já olhava torto toda e qualquer simples conversa.

Quando comecei a namorar à distância o ciúme diminuiu um pouco, afinal ou isso aconteceria ou não existiria namoro algum, porque eu *tinha* que confiar. Porém, ficava sempre de olho nas redes sociais ou em qualquer comentário que parecia no mínimo "suspeito". Era algo doentio e terrível.

Não sei em que fase da minha vida eu recuperei a segurança em mim mesma, mas sei que essa é a melhor coisa que você pode fazer na vida. Isso atrapalhava tanto nos meus relacionamentos como no meu próprio trabalho/estudos, porque eu simplesmente acreditava que sempre haveria alguém melhor do que eu. Tem coisa pior e mais desgastante?

Quando passei a ser segura de mim mesma tive a sensação de que nada no mundo poderia me parar. O mundo era meu. Eu acreditei e confiei em mim completamente.

Não se enganem: as pessoas ao seu redor notam se você é frágil (insegura) ou se é forte (segura) e provavelmente, quando notam a fragilidade em você, elas eventualmente vão tentar passar por cima, porque sabem que você não fará nada para reverter isso. Digo isso por experiência própria e porque vivenciei isso diversas vezes sem notar. E isso é horrível de se ver e de imaginar, tanto a capacidade de alguém de se aproveitar do outro como você não acreditar em si mesma e poder mostrar que é muito mais do que aquilo que dizem ou veem.

Acredite em você, porque ninguém te conhece melhor. Só você pode dizer suas limitações e saber que não importa o que aconteça no mundo: quando se acredita no potencial próprio tudo simplesmente começa a dar certo.

As coisas simplesmente começam a acontecer involuntariamente porque você pode fazer. Só basta levantar essa postura e acreditar.

O mundo se torna pequeno para a sua coragem de enfrentar tudo.

Este capítulo combina co

"Yellow",

de Coldplay

Você por outros olhos

Já se perguntou como as pessoas veem você?

Provavelmente sim. Nos momentos em que alguém a vê de uma forma negativa e diferente da que você se vê (lembra a história do "Não seja tão dura consigo mesma"?).

Mas e as formas positivas? Você já parou para pensar nas pessoas que a descreveram de uma forma tão bonita que você nem sabia que era aquilo tudo?

Pois é... Essas pessoas estão quase sempre ao nosso redor, apenas sussurrando. Acabamos não observando muito.

Estava pensando um pouco sobre isso logo após uma pessoa ter me elogiado de uma forma tão bonita que fiquei sem palavras.

Ela me disse que achava muito bonita a garra que sempre tive para correr atrás das minhas coisas. A maneira como eu enfrentava céus e terras para chegar aonde eu queria e, mesmo que algumas pessoas tentassem me desmotivar, eu continuava, porque sabia que era impossível agradar a todo o mundo. Eu era inteligente o suficiente para saber que era muito mais do que qualquer comentário que não merecia muito foco. Ela também me disse que eu era nova, mas que sabia a importância de estar sempre à frente da minha idade, conquistar e tentar coisas novas o quanto antes. Essa pessoa ainda me falou que vez ou outra eu dizia algumas "frases de efeito" sem querer, porque era uma escritora nata, e que eu conquistaria o mundo inteirinho porque não tinha medo de correr riscos, e que, para mim, um tsunami era algo como a época perfeita para ir à praia.

Tá, ok, foi o meu terapeuta que falou isso, mas...

"Uau! Eu sou vista assim?"

Essa com certeza foi a primeira pergunta que passou pela minha cabeça.

Comecei a pensar então se eu era vista daquela forma não só por aquela pessoa, mas para o mundo. Pensei e repensei diversas vezes. Avaliei tudo que fui, sou ou penso em ser. Pensei em todas as coisas que ando fazendo para ser vista de tal forma.

Pois é. Parecia que aquilo tudo estava dentro de mim e era realmente daquela forma que eu me mostrava para o mundo.

Comecei a sorrir involuntariamente e pensar em quem eu estava me tornando. E estava ficando satisfeita com aquilo.

Passei a observar mais o que as pessoas ao meu redor diziam, não aquelas que acreditam que a melhor forma de chamar atenção é desmerecendo outra pessoa, mas sim aquelas que chegam do nada e te falam um pouco sobre aquilo que, talvez, você nem note tanto sobre si.

Passei a observar ainda mais o comportamento de quem estava por perto e, sempre que via algo bonito nessas pessoas, algo que deveria ser encorajado para o seu crescimento, eu não perdia a oportunidade de soltar um pequeno elogio.

O mundo precisa mais disso... De encorajamentos, de verdades sendo ditas, de coisas bonitas que as pessoas têm escondidas dentro de si e só vez ou outra demonstram por receio. Não há porquê disso. Mostre-as, o mundo inteiro deve ver, e principalmente, o mundo será de quem souber desse pequeno segredo.

As pessimistas de plantão devem estar repetindo para si mesmas que ninguém nunca falou nada bonito assim para elas e que talvez elas não tenham nenhum brilho.

Psiu! Todos somos feitos de pedacinhos de estrelas, viu?

Observe com mais atenção e se ainda assim não conseguir... Que se dane!

Pegue um espelho e olhe-se, de dentro para fora.

Você brilha.

Este capítulo combina com **"Different Kind of Love"**, de Kid Runner

Sobre relacionamentos e seus fins

Eu definitivamente não nasci para ter relacionamentos. Sempre fui "bem resolvida" quando se tratava de futuro, amizade, trabalho etc., mas quando se trata de relacionamentos... Meu grande ponto fraco. Acho que essa minha maré de azar começou logo no meu primeiro namoro, quando meu ex terminou comigo para ficar com a minha melhor amiga. Sim! Isso mesmo! Eu tinha catorze anos e não tinha a mínima noção do quanto uma relação poderia ser profunda e o quanto ela poderia machucar. Lembro que na época eu tive que mudar de escola porque toda vez que eu olhava para os dois juntos, sentia um nó na garganta e um desgosto tão forte que me dava náuseas.

Meu segundo namorado foi do tipo que... hoje eu me pergunto: como me permiti aquilo, sabe? Eu estava errada em tudo, tudo mesmo, e sempre me desculpava pelos erros que ele tinha cometido, mas que fazia acreditar que não era sua culpa. Era extremamente grosso, bebia até perder o controle e eu, mesmo assim, era louca por ele.

Era um namoro tão estressante que eu chegava a desmaiar de nervosismo. Mas, mesmo assim, achava que não poderia viver sem ele. Não mesmo.

E adivinha só! Depois de três anos estou vivinha da silva!

Eu sempre tive este defeito: me entregava totalmente aos relacionamentos e nunca notava quando a pessoa não estava na mesma que eu. Tola! *Eu mergulho fundo demais em pessoas extremamente rasas.*

Se você acha que eu tive dois relacionamentos complicados e frustrados, escuta só o terceiro: que tal um namoro à distância? O cara era de uma cidade vizinha à minha, mas era como se ele morasse na China. Ele vinha passar férias em minha cidade quando nos conhecemos. Acabamos namorando, mas depois que ele voltou para sua cidade, quase nunca nos víamos pelo simples fato da superproteção de seus pais. Eu cheguei ao ponto de fugir para a cidade dele para passarmos o dia juntos. Não me perguntem onde eu estava com a cabeça porque até hoje nem eu sei.

Esse foi o relacionamento que mais mexeu comigo por três motivos: foi o mais longo, o mais inusitado e o mais profundo. São uma série de momentos que até hoje se repetem na minha cabeça. Desde a forma diferente de como começou até como terminou. Foi o relacionamento mais saudável que eu tive, tranquilo e leve como tudo deveria ser. Até hoje somos "amigos", viu? Eu demorei um bom tempo para notar que foi o melhor e que nós adorávamos estar juntos, conversar e tudo o mais. Só não poderíamos ficar juntos como casal. Só isso. Quando terminamos foi como uma queda muito grande. Eu, que já tinha passado por dois términos complicados, ainda não tinha aprendido a me despedir. Fiquei um caco. Passei mais de um ano para conseguir me relacionar novamente, e até hoje não sei direito como fazer isso porque acabo me fechando, com medo de me machucar de novo.

Tive mais dois namoros, mas nem sei se assim posso considerá-los. Foram grandes fiascos. Sabe aqueles casinhos que, lá no fundo, temos certeza de que não vão durar, mas continuamos só para ter certeza mesmo? Pronto.

Eu acho incrível como um relacionamento pode danificar uma pessoa e amadurecê-la ao mesmo tempo. Eu simplesmente criei uma barreira de proteção porque tenho medo de passar pela mesma situação e chegar ao fundo do poço novamente. Por um lado isso é muito bom, mas, por outro, não: acabo afastando todo mundo que quer ser um pouco mais do que amigo. Isso é assustador! Tive meses bem difíceis (Leia "O futuro incerto") e, do nada, eu conheci um cara. "Ah, não, ele não faz meu tipo", "Poxa, ele gosta do mesmo tipo de música que eu, mas nada a ver...", "Gosto de conversar com ele, mas só amizade mesmo". O que eu poderia inventar de desculpas eu inventei, o que eu podia fazer para evitar encontrar com o menino eu fiz.

Até que em um belo dia bastou eu beber um drinque para eu ligar perguntando a ele se não queria me ver. E adivinha só? Nos encontramos, nos divertimos muito e acabamos ficando. Foi bem de boa, nada de mais, só seria uma vez. Resultado? Acabamos tendo algo mais do que uma simples relação de amizade. Depois de muitos dias juntos, fazendo coisas juntos, planejando coisas juntos, tudo "junto juntinho", acabou. Assim mesmo. De uma hora para outra. Da mesma forma como começou. E pela primeira vez eu sorri ao terminar um relacionamento. Pela primeira vez eu não sentia um peso sobre mim, e pela primeira vez eu sabia que iria ser melhor para os dois. Que sensação gostosa! "Ah, talvez você tenha ficado assim porque não gostasse tanto dele". Nada disso, viu? Foi uma das experiências mais legais que eu tive. A gente se entendia do começo ao fim.

Hoje eu sei que sorri quando acabamos porque aprendi que a decepção é inevitável. Os relacionamentos acabam uma hora ou outra. Só temos que estar prontos para quando essa hora chegar, e isso pode acontecer cedo demais. Eu, mais do que ninguém, sei o quanto é difícil ficar remoendo cada situação vivida na minha cabeça milhões de vezes. Eu sei o quanto dói. Eu sei o quanto machucа. Eu sei o quanto a gente quer entender por que simplesmente acabou. Porque simplesmente a vida resolveu virar do avesso. O cara era encantador, e toda vez que me lembro disso, sinto meu coração apertando de saudade, mas ainda assim sei que foi melhor.

Já não sinto mais aquele medo tão forte de começar um novo relacionamento. Que venha o próximo e dessa vez sem medo, com o coração aberto e com a cabeça ciente.

Este capítulo combina com
"Talk is a Cheap",
de Chet Faker

Tipo certo de garoto errado

Com certeza você já conheceu um cara que fez com que você se sentisse a garota mais especial do mundo... Mas que ao mesmo tempo te decepcionava de um jeito que fazia todos os sentimentos se confundirem e sua cabeça dar um nó.

Um dia eu conheci um cara assim. Seu nome era Pablo. Ele foi, com certeza, o homem mais especial que já conheci, mas a forma como ele fazia eu me sentir... Ah, isso me intrigava muito! Eu tinha a plena certeza de que, ou era a garota mais especial da vida dele – e ele não dava o braço a torcer –, ou com certeza eu era a pior coisa que lhe havia acontecido.

Nos conhecemos por meio de uma dessas redes sociais, e a verdade é que eu nem queria saber dele tanto assim; a impressão que eu tinha era de que se um dia isso chegasse a acontecer, seria apenas um encontro casual, daquele do tipo "Oi, tudo bem? Tchauzinho" e fim! O mais engraçado era que eu nunca na vida tinha ouvido falar do cara, mas numa noite em que fui jantar com as minhas amigas, uma delas comentou sobre ele em um show. Na hora lembro que dei um sorriso de canto de boca e mandei uma mensagem para ele fazendo alguma brincadeira com relação a esse show. Ele logo me respondeu, conversamos um pouco e ele perguntou se poderia me buscar no restaurante e conversar mais até chegar à minha casa. Pensei um pouco e... Por que não?

Essa conversa resultou em mensagens de "bom dia" e encontros quase diários. Logo conheci os seus amigos, assim como ele às minhas amigas. Tudo aconteceu em uma velocidade tão inesperada que chegamos a nos assustar. Resolvemos ir um pouco mais devagar antes que resultasse em algo ruim.

Era engraçada a forma como nos dávamos tão bem e como as coisas simplesmente pareciam se encaixar. Pareciam ser certas. Ele era sem dúvida o cara mais educado e engraçado, e que fazia eu me sentir a garota mais especial do mundo cada vez que ficávamos juntos. Ele também era a pessoa mais sincera que eu já havia conhecido e até hoje eu não sei se isso é bom ou ruim.

Bem, com o passar do tempo fomos nos conhecendo melhor, e eu fui vendo que algumas coisas eu estava vendo sozinha. Deixe-me explicar melhor: eu tinha certeza – ou pelo menos era isso que eu achava – de que estávamos em uma relação "exclusiva", mas percebi que não era, aparentemente, a única. O que fazia eu me perguntar: "Se ele diz que a gente se dá tão bem, que nunca havia sentido essa 'conexão' com uma pessoa em tão pouco tempo, como pode ele ainda sair com outras garotas?". A única explicação que eu tinha era que eu não era tão especial assim, pois, ao mesmo tempo em que ele me tirava o fôlego, me desapontava.

Nossa relação era tão baseada na sinceridade que, sempre que eu perguntava algo, ele me falava a verdade e ainda completava com um "Ela nem se comparava a você". HA-HA. Ah, tá! Eu tinha a sensação de que estava sendo feita de trouxa – e ainda hoje tenho –, mas sei lá, ele não era como os outros garotos e, querendo ou não, eu era a única com quem ele realmente aparecia em público e que levava para as viagens, saídas com os amigos e até para conhecer sua família – ou eu que penso ter sido assim, né?!

A questão é que... Céus! Ele me tira do sério! Ninguém nunca mexeu tanto assim comigo e parecia que toda vez que tentava virar o jogo, eu ficava ainda mais tonta.

Como essa história terminou? Bem... Você vai ter que ler um pouco mais para saber. E entender também – e se conseguir... Me ajuda!

Este capítulo combina com "Crazy", de Shawn Mendes

O desespero que surge com a palavra namoro

Vocês já pararam para pensar no tanto de coisas que surge quando falamos na palavra "namoro"? No tanto de desespero que muitas vezes surge com essa palavra?

Uma vez aconteceu uma situação bem engraçada comigo. Foi o seguinte: saí com o cara com quem estava ficando e em meio a algumas conversas surgiu a questão de namoro. Ambos éramos bem tranquilos com relação a isso, acreditávamos que não adiantaria começar nada já pensando nisso e que se fosse para ter algo a mais o sentimento surgiria. Enfim, entre uma coisa e outra ele falou que não pensava em namorar naquele momento. E... Eu não estava em um dia muito bom – era o auge da minha TPM! Ou seja, comecei a pensar coisas do tipo: "Epa! Como assim?", "Meu Deus, sou só mais uma", "Por que ninguém quer nada sério comigo?", "Ser uma pessoa pública atrapalha tanto", "Que droga! Eu gosto de ficar com ele. Putz!", "Vou terminar logo antes que seja pior" etc. Ele notou minha diferença de humor. Claro! Fiquei calada, pensando em como faria aquilo, minha cabeça estava a mil. Qualquer coisa que ele falava já parecia uma forma de querer se afastar de mim. Quando ele me deixou em casa, não conseguia parar de pensar: "Será que ele está a fim de outra?", "Por que ele ainda não falou comigo no Whatsapp?", "Droga! Fiz besteira". Fui dormir antes que eu pensasse mais e pirasse de vez!

A vontade que sinto agora é de rir. Somente rir. Sabe por quê? Quando eu esfriei minha cabeça comecei a pensar em como a gente simplesmente cria uma quantidade de "noia", junto a um desespero, só porque ele falou que não pensava em namorar naquele momento. O cara era praticamente um príncipe, fazia de tudo para me ver, passava horas comigo, me apresentou a todos os amigos e se dava superbem comigo... Por que esse desespero todo então? Putz. Que tola! As coisas acontecem com o tempo, lembra? E se não rolar, foi bom enquanto durou. Bom demais! Mas para que ficar nesse desespero agora? Ele falou isso, mas não terminou nada e ainda quis me reencontrar.

Claro, para tudo existe uma exceção, viu? Se você sabe que o cara é um canalha mesmo, que não vale nada, nada de entrar nessa "noia". O melhor é deixar para lá antes que seja pior. Antes que você se apegue mais.

O que eu quero dizer é que às vezes criamos esse desespero em algo que pode surgir mais à frente. Meu Deus, eu já destruí "n" relacionamentos pelo simples fato de ficar nessa de "Ah, preciso namorar com ele". Isso assusta. Isso é desesperador. Isso é desnecessário. Os caras odeiam se sentir pressionados a fazer algo, e talvez naquele momento ele não quisesse namorar, mas e se lá na frente ele sentisse vontade? E aí? Você simplesmente teria estragado tudo e assustado o cara com essa paranoia.

É realmente difícil conviver com outra pessoa, bem difícil mesmo. E para isso você tem que ser madura o suficiente para aprender a aceitar algumas coisas e aprender a enxergar outras de outro modo. Talvez ele fale algo e você crie um mundo ao redor disso, mas de repente ele só queria dizer uma coisa simples. Dizem que é para sempre escutar a cabeça em vez do coração, mas a cabeça pode nos enlouquecer, viu? A imaginação exagera demais e vê coisas onde não tem.

Eu realmente fiquei com medo de ter estragado as coisas mais uma vez, mas consegui contornar e não toquei mais no assunto. Ele era o tipo de cara com quem não valia nem um pouco a pena pisar na bola. Devemos nos preocupar em viver um dia de cada vez, uma coisa de cada vez: o que acontecer lá na frente não importa. Eu sou o tipo de pessoa que praticamente só pensa no futuro; planejo demais a minha vida e decidi que não vai ser mais assim. Às vezes você quer dar um passo longo demais, mas ainda tem que passar por diversas coisas para chegar lá. Se você for dar esse passo, provavelmente não vai conseguir e vai estragar algumas coisas que estavam nesse caminho.

Um passo de cada vez!

SEG TER QUA QUI SEX SAB DOM

Este capítulo combina com
"Cheating",
de John Newman

Caras compromissados

Quem nunca viu um menino supergato em uma festa e... "Ops, ele tem namorada!". Isso é muito comum de acontecer. Além disso, nos dias de hoje, tem parecido ser ainda mais comum o fato de algumas pessoas irem mais a fundo nisso. Deixe-me explicar melhor: algumas pessoas acabam se envolvendo com esses caras compromissados. Com certeza, você já pensou de cara: "putas", mas calma, pretendo concluir este texto antes de ser apedrejada ou algo do tipo.

Conheço diversos casos de pessoas próximas terem problemas em casa porque o pai ou a mãe estavam com outra pessoa. Conheço também casos de pessoas que pelo menos já ficaram com um cara compromissado e, no pior dos casos, se apaixonaram perdidamente. Isso simplesmente tornou-se tão comum nos dias de hoje que chega a ser assustador. Os pensamentos que me vêm à cabeça são "As pessoas realmente não valem mais nada?", "Estar com uma única pessoa não é mais o suficiente?", e ao mesmo tempo em que reflito sobre isso, tento observar as coisas não só por fora, mas tento entender o que se passa na cabeça dessas pessoas.

No caso de problemas familiares tento não procurar entender porque sei que o buraco é *bem* mais embaixo do que imagino. Tudo é um pouquinho mais complicado. Porém, no caso de pessoas de idade igual ou próxima à minha tento entender ao máximo cada situação.

Eu nunca fui o tipo de pessoa que julga logo de cara; sempre procuro entender o lado da outra pessoa também. Por exemplo, um casal namorava havia anos, e todos diziam que eles iriam se casar, mas acontece que tudo o que o cara queria era se afastar um pouco dela; não que ele não a amasse, mas porque começaram a namorar muito novos e ele nunca havia "aproveitado" a época em que possivelmente era para estar solteiro. Meio confuso isso, né? Porque aparentemente se ele a ama, deveria querer ficar apenas com ela. Ou não?

Um tempo depois ele se apaixonou por outra garota e, apesar de também amá-la, ele nunca deixaria a primeira namorada. Um clássico! Não tenho proximidade com nenhum dos envolvidos, mas não poderia deixar de olhar de fora e ver que naquele meio não tinha quem não sairia sequer um pouco machucado. A namorada que se sentiria traída, o menino que não sabia o que era melhor para ele e a outra menina que guardava esperanças de que um dia ficariam juntos.

Queria dizer antes que a probabilidade de você se envolver com uma pessoa comprometida e esta terminar o seu relacionamento é de 1%. É basicamente a exceção da regra, e por mais que você acredite nessa pequena porcentagem, não se deve nunca ignorar o restante.

Eu penso que a menina não se torna "puta" pelo simples fato de ter se apaixonado; claro, ela poderia ter evitado a proximidade, mas como já dizia Renato Russo, "Quem um dia irá dizer que existe razão nas coisas feitas pelo coração?". Acho que a namorada não se torna "certinha de tudo" também, afinal alguma coisa não ia bem para o cara se envolver com outra pessoa, né? Isso também é óbvio. Também penso que o cara não chega a ser um total babaca; na verdade, ele se tornaria um idiota no momento em que ele não se decide com qual irá ficar. Eu até tento entender o lado dele, afinal não deve ser nem um pouco fácil simplesmente terminar um relacionamento de anos que toda a sua família e amigos já conhecem e depositam toda a esperança de que um dia irão casar. Essa pressão é normal e tenho certeza de que, querendo ou não, ela existe sim. Mas com certeza a pior parte de tudo é não escolher o que vai ser da sua vida, e isso se transforma em uma bola de neve até que todos os envolvidos estejam extremamente saturados e não aguentem mais. Acredite, isso é bem pior e provavelmente todo mundo acabará sozinho.

Quando eu disse que procurava entender o que se passava nessa relação não sabia que parecia ser ainda mais complicado. E este é o problema da grande maioria das pessoas: complicar coisas que aparentemente parecem ser mais fáceis de serem solucionadas. Porém, cada história tem o seu lado e é impossível defender todos sem que um saia ofendido.

Ainda faço parte do time que acredita que evitar é sempre o melhor e sei que às vezes a "oferta" parece chamar mais atenção do que um holofote inteiro, mas acredite: a confusão de sentimentos é bem mais dolorosa do que você imagina.

E... alô! Tem tanto cara solteiro por aí, que se torna até um desperdício, né?

Este capítulo combina com **"Same Old Love"**, de Selena Gomes

A dificuldade em colocar um ponto final

De vez em quando vejo pessoas próximas presas a relacionamentos que não conseguem mais levar adiante e fico pensando: por que existe essa dificuldade tão grande em se colocar um ponto final? Não só em relacionamentos que não nos fazem mais bem, mas em situações cotidianas que nos prendem e nos impossibilitam de aproveitar novas oportunidades.

Acredito que a única explicação seja por causa do medo, de perder e não ter mais volta. O medo do arrependimento nos aterroriza e muitas vezes nos deixa sem a mínima condição de seguir adiante. Diversas vezes eu via casos desse tipo e sempre dava algum tipo de "lição de moral" na pessoa, porque aceitar algo que não lhe faz bem é inaceitável. O problema é que eu nunca soube realmente o que aquela pessoa estava passando e como era difícil colocar um ponto final.

Vejo várias das minhas amigas levando "casinhos" que não vão levá-las a lugar algum porque elas se veem presas àquilo e sem "coragem" alguma de terminar. Todas imaginam – ou sonham – que as coisas podem mudar a qualquer momento, mesmo sabendo que a probabilidade de isso acontecer é bem pequena.

Mas tinha uma situação que me intrigava muito! Uma amiga namorava há mais de cinco anos e nos últimos meses ela não aguentava mais aquilo, precisava ficar um tempo sozinha porque as coisas já não iam bem e isso atrapalhava muito seus estudos. Querendo ou não ela ainda gostava dele e por isso tinha medo de terminar e acabar ficando sozinha ou, pior, se arrependendo por ter feito aquilo. Aparentemente o cara tinha a mesma sensação porque a traía e tinha plena certeza de que a namorada era muito besta para não desconfiar ou descobrir alguma coisa. A questão é que ela sabia de tudo. E por vezes isso lhe dava um impulso enorme para terminar o relacionamento, a raiva lhe subia de uma forma, mas ele acabava falando coisas que faziam com que ela reconsiderasse.

Isso se arrastou por mais ou menos um ano. Eles ainda chegaram a terminar umas duas vezes, e quando eu e minhas amigas víamos que finalmente ela tinha conseguido e ia focar no seu futuro, bem... Um dos dois aparecia implorando para voltar e era isso que acontecia.

A mesma situação anterior continuava a se repetir e eles viam que não dava mais certo, mas parecia que eles tinham que ficar juntos como se fosse uma espécie de contrato que não pudesse ser quebrado.

Tudo isso se tornou um círculo vicioso que se repetia dezenas de vezes, até que ninguém ao redor dos dois aguentava mais. Sério, era doloroso de se ver, e quando isso acontecia, sabia o quão sem graça era a relação e, claro, as pessoas estavam sempre dispostas a comentar sobre aquilo.

Disse a ela milhões de vezes que aquilo não lhe fazia bem e que ela precisava estudar para o vestibular, o que não conseguia focar de forma alguma devido aos problemas do namoro. Aquilo já não ia bem desde muito tempo e eu não entendia por que eles ainda insistiam em voltar.

Pode-se até dizer que os dois se amavam demais para se imaginarem separados, mas eu acho que o amor não é sobre viver infeliz ou triste a grande parte do tempo. Ou é?

Ficava imaginando os dois casados daqui um tempo e como seriam as coisas.

Ambos, claramente, morriam de medo de terminar sozinhos e não encontrar alguém igual. E acho que isso é um pouco de falta de amor-próprio também. Que tolice, né? Tanta gente por aí... Mas mesmo assim é importante, antes de tudo, você se bastar: às vezes estar sozinha é a melhor coisa que você poderia fazer e, como no caso dela, focar no futuro.

Se eu pudesse dar um conselho, seria o seguinte: não deixe que ninguém tire o seu foco de qualquer coisa, principalmente dos seus estudos. Isso é a coisa mais importante que você vai ter na vida. O seu futuro e seu destino dependem disso. Se algo a atrapalha dessa forma, seja um relacionamento ou alguma outra situação que a incomoda, o melhor é afastar-se o quanto antes, por mais que no começo doa um pouco (afinal, isso fez parte da sua vida), mas você sabe que nada dói para sempre, né?

Hoje em dia os dois estão separados e ela conseguiu passar no vestibular da universidade federal da nossa cidade.

Sabe quando você sente que essa história ainda não terminou? Pois é. Tenho a impressão de que daqui a pouco eles voltam.

Sei lá... Desisti de tentar entender.

SEG TER QUA QUI SEX SAB D

Este capítulo combina co
"Friends",
de Ed Sheeran

"Apenas amigos" ou "amizade colorida"

(Já me imaginem revirando os olhos ao ler o título deste texto.)

Lembram aquele cara, o Pablo? Eis aqui a continuação da história... E não se precipitem ao ler só o título. Se eu fosse você, leria até o final.

Vez ou outra o cara soltava piadinhas do tipo "somos amigos coloridos", e isso me enfurecia de um jeito que, com o tempo, comecei a ver que aquela brincadeirinha era apenas um tipo de provocação para "abusar" um pouco de mim, porque logo depois ele sempre me enchia de beijos – no caso não era, mas vamos continuar. E ficava com muita raiva porque não queria ser simplesmente amiga dele, ou muito menos ter uma amizade colorida, que eu tenho certeza de que se optasse por ter não ia ser como nos filmes. Deus! Como ele me tira do sério! Não tem condições!

Já estávamos há quase dois meses juntos quando eu soube que possivelmente nossa relação não era tão exclusiva quanto eu pensava e foi também quando eu vi que aquela história da "amizade colorida" não era tão brincadeira quanto eu também pensava. Bem... Na hora que fui esclarecer as coisas ele não parecia mentir sobre nada para mim... E é por isso que eu digo que até hoje não sei se tanta sinceridade é algo bom ou ruim. Na hora fiquei muito chateada e falei até coisas que nunca imaginei que teria coragem de falar, mas isso não durou muito. Era Natal e o clima deveria ser, aparentemente, de paz, tranquilidade e perdão.

Depois de tudo isso, eu achei que as coisas iriam mudar e que tudo ficaria, enfim, "bem" entre nós... PUF! Não preciso nem falar que me enganei mais uma vez, né? O mais incrível disso tudo, analisando agora, é que eu simplesmente preferia aceitar as coisas a ficar sem ele, porque eu sabia que era bem mais especial do que todas as outras garotas. Eu sabia que, apesar de elas terem o corpo e o cabelo perfeitos, eu tinha o "algo" a mais que fazia com que ele continuasse comigo apesar delas. Era por isso que eu continuava. Mas com o tempo isso começou a me machucar muito, eu realmente ficava triste ao saber de tais coisas e mais triste ainda porque entre todas eu era a única que sabia de todas. Deu para entender, né?

Quando viajamos juntos, num final de semana, para um show, eu havia decidido que seria o fim, que eu iria aproveitar da melhor forma para ter as melhores últimas lembranças de nós dois juntos. Claro, havia decidido que só ia por o ponto final quando já estivéssemos em casa, mas não aguentei... Logo depois da festa estávamos deitados abraçados e eu acabei soltando um "Vou sentir tanta falta disso"... Foi o bastante para resultar em uma longa conversa sobre o assunto. Quando ele falou "Você é a minha melhor amiga" foi como um tiro no meu próprio pé. Não sabia se ficava feliz ao saber daquilo, afinal ele não tinha nenhuma melhor amiga e eu realmente era de confiança, ou se ficava triste por mais uma vez terminar apenas amigos.

Isso me matava! Todas as vezes que eu tentava empurrá-lo era como se rapidamente aquilo me puxasse de volta.

Ah! O pior de tudo era ele falar que a gente nunca poderia saber o que aconteceria lá na frente e que não deveríamos tentar apressar o futuro. Que se fosse para acontecer algo a mais, iria acontecer naturalmente. Idiota! Como era simplesmente possível alguém mexer tanto comigo e com a minha cabeça? Ele me tirava do sério e eu o amava um pouquinho mais.

Isso se arrastou por quase cinco meses e eu me arrisco a dizer que foi o período em que mais me senti viva. Todos os momentos com ele eram cheios de risadas e coisas novas que eu aprendia diariamente, que eu o odiava e amava cada vez mais, que eu queria partir e queria ficar só um pouquinho mais.

Bem, o resultado dessa história vocês já devem imaginar um pouco. Não existia nada no mundo que fizesse esse conceito de amizade mudar. A gente se gostava e muito, da melhor e mais sincera forma possível, mas nunca poderíamos ser mais nada do que aquilo. Ele sempre me dizia que não poderíamos iniciar um relacionamento já pensando no que vai ser porque as coisas acontecem aos pouquinhos, mas desde o comecinho ele sempre me viu como uma "amiga colorida" que com o tempo se tornou sua melhor amiga de verdade, porém nada mais do que isso. O conceito de amizade não mudou, e eu fico triste ao pensar nisso agora porque talvez pudéssemos ser muito mais do que fomos, e feliz também por ter tido a oportunidade de conhecer alguém tão incrível quanto ele e a quem, apesar de tudo, só posso desejar o melhor.

É... Eu sei. Sou meio tola, né? Era incrível como ao longo de todo esse tempo que estive com ele eu escutava dezenas de amigas falando todos os tipos de coisas sobre nós, e tínhamos um segredo de que só nós nos entendíamos e que apesar do que falassem só a gente ia explicar o carinho que tínhamos um pelo outro.

Bom... você deve estar se perguntando se hoje em dia ainda nos falamos, né?

Ah... Isso eu deixo para o outro momento.

Este capítulo combina com
"Run Away With Me",
de Carly Rae Jepsen

Estado civil: sei lá

Quem nunca passou pela terrível situação de não saber definir o status de sua relação?

Eu sempre fui a louca do "tudo tem que estar claro". Eu precisava saber se algo seria só uma ficada ou se resultaria em alguma coisa mais. Claro que ninguém teria como adivinhar ou muito menos prever o futuro, mas a gente sabe quando alguém chega para ser algo a mais na nossa vida. Bem, essa sempre foi uma forma muito boa que me ajudou a prevenir diversas ficadas e principalmente diversas decepções, tudo aparentemente desnecessário.

Claro que eu não "chegava" no cara e simplesmente perguntava isso – não era tão louca a esse ponto –, mas eu tinha as minhas táticas para descobrir. A gente sempre tem, né?

O problema surge quando você já está com o cara há meses, mas você simplesmente não sabe no que aquilo vai resultar. Ele não dá pistas, vocês parecem bem, mas aquilo não parece sair do lugar. E ainda tem aqueles que não fazem a mínima ideia se estão sendo exclusivos um para o outro. Para completar sempre tem aquelas pessoas que chegam perguntando "E aí, você e o fulano já estão namorando?" ou "Há quanto tempo que vocês estão juntos?". Essa segunda pergunta sempre surge daquela pessoa totalmente inconveniente, que já fala com um ar de ironia como quem diz "Coitada, só se ilude". Sempre tem esse tipo.

Já passei por alguns casos como esse e tive que dar um empurrãozinho para as coisas andarem.

Eu nunca fui do tipo "Ai, meu Deus, daqui a pouco vai fazer um mês que estou com ele"; na verdade sempre detestei isso, parecia ser tão desesperador... Porém, vez ou outra gostava de lembrar o tempo que estava com tal pessoa.

Um dia, conheci um cara, e tudo o que eu não queria saber depois era há quanto tempo eu estava com ele, não porque eu não estivesse gostando ou algo do tipo, mas era como se o tempo não existisse entre nós. Parecia que nos conhecíamos há séculos e que não havia nada que iria medir ou diferenciar isso. Os meses passaram voando e era certo que estávamos realmente juntos, mas sempre que alguém aparecia para me perguntar sobre isso eu não sabia responder, e quando a pergunta era feita a ele, sua resposta era: "A gente está se conhecendo, vendo no que dá, sem pressa". Eu amava o jeito dele de querer levar as coisas sem apressá-las; a vida parecia tão melhor assim, evita-se tanto estresse desnecessário...

Nos gostávamos, estávamos juntos e tendo dias incríveis. Só não tínhamos um título para isso. E fim.

Porém, parecia que quanto menos queríamos intitular isso, mais as pessoas ao nosso redor pareciam nos pressionar para dizer o que realmente éramos. E o pior, apareciam as criaturas mais inconvenientes para fazer essa pergunta, como aquela menina que não gosta nem um pouco de mim ou as amigas da ex-namorada do cara. Querendo ou não, acabava pensando muito mais nesse assunto do que deveria. As coisas estavam bem entre a gente, mas parecia que tinha alguma coisa errada. O problema seria eu? Ele não queria me assumir? Não, não teria como, afinal nas festas estava com ele, viajávamos... Todos sabiam sobre a gente e só o que faltava era um título bobo... Mas que talvez pudesse significar muito.

Droga! Que confusão! Vou enlouquecer!

Parecia que tinha alguma coisa errada ali: duas pessoas não poderiam estar juntas há tanto tempo sem que namorassem de fato. Parecia, mas não tinha nada errado. As pessoas queriam que tivesse, mas não tinha. De tanto falarem sobre, querendo ou não, isso acabou mexendo com as nossas cabeças, mas não serviu para nos aproximar... Nem um pouco.

Começamos a pensar muito sobre aquilo e talvez o motivo de não nos "intitularmos" fosse porque um dos dois não estava querendo um compromisso sério no momento, ou porque ele ainda tinha sentimentos pela ex, ou porque tinha medo de que aquele algo a mais estragasse o que tínhamos de melhor – às vezes um título gera uma "pressão" maior, né?

Quem saberia... Quem poderia adivinhar?

Isso acabou gerando algumas brigas e parecia que tudo o que queriam era que isso acontecesse. Era incrível como cada vez mais apareciam pessoas dizendo que ele só estava me enganando, ou que diziam para ele que eu não valia nada. Ele sempre me acalmava dizendo que ninguém poderia dizer o que tínhamos porque nossa conexão era forte demais para isso. E isso era a maior verdade de todas.

É tão melhor viver sem rotular as coisas, sabia? E ainda melhor é não escutar o que as pessoas têm a dizer a respeito disso ou daquilo, por mais próximas que sejam. O fato é que as pessoas veem o que elas querem ver e cada um sempre vai ter uma opinião diferente sobre o assunto. Acredito que se você está feliz com algo e se sente bem com aquilo, não deve se preocupar com o que estão falando a respeito. Sei que às vezes parece impossível; eu demorei muito e acabei com muitos relacionamentos antes de descobrir isso, mas tente: você vai ver como as coisas vão sair mais tranquilas.

Estado civil?

Sei lá... E também não estou nem um pouco preocupada em saber no momento.

SEG TER QUA QUI SEX SAB D

Este capítulo combina com
"If You Ever Want to be in Love"
de James Bay

Os amores não correspondidos

Nossa vida é feita de uma coletânea de relacionamentos não correspondidos que foram, mas por um período muito curto.

Uma vez vi um filme em que a atriz principal dizia que se fosse contar a história da vida dela, seria por meio dos amores que teve. Na hora ri e pensei baixinho "da minha vida também". Apesar da pouca idade, já vivi muitos relacionamentos ou "*quase* relacionamentos", já sofri muito e mesmo assim ainda me permito acreditar que tudo pode acontecer mais uma vez – e dar certo! –, mas sabe quando você está apaixonada pelo cara e... Bem, nada recíproco ou nem sequer passa na cabeça dele. Esses com certeza são os piores tipos de relacionamentos.

Fico me perguntando o porquê de nos permitirmos isso, por que simplesmente gostamos mais daquilo que não podemos ter do que das coisas que podemos? Por que nos deixamos sofrer por algo que sabíamos desde o comecinho que não levaria a nada? Por que criamos tanta esperança de que tudo vai mudar de uma hora para outra?

Não sei, mas talvez seja porque desejamos muito ser a exceção daquilo que parece regra.

Já vivi muitos amores e grande parte deles não foram nem um pouco correspondidos. Eu sempre fui a que amava mais e a que era deixada de lado mais rápido do que se imagina. Em grande parte eu sabia que não iria resultar em nada, mas me permitia acreditar que daquela vez seria diferente e o cara ia surgir de um dia para outro mais apaixonado do que nunca.

Por mais que eu repetisse para mim mesma diversas vezes que não deixaria aquilo acontecer mais uma vez, parecia ser inevitável. Como distinguir entre os que nos querem e os que não?

A resposta parece simples e óbvia agora, mas a gente sabe que na prática nada é tão fácil assim.

É engraçado como a nossa cabeça dá um nó quando nos apaixonamos e como perdemos a noção do certo e do errado daquilo, acredito que isso só acontece porque queremos sempre ser o melhor para que aquela pessoa deseje ficar ao nosso lado tanto quanto desejamos ficar ao lado dela. Esquecemos de nós mesmas, e quando percebemos que nos iludimos sozinhas com algo que só estava acontecendo na nossa cabeça, ficamos tristes e magoadas ao extremo. Afinal, foi uma situação que você "sozinha" criou e quando as coisas terminarem você vai saber mais do que nunca que a outra parte na verdade nem se importa com tudo o que aconteceu.

Eu, por exemplo, desisti de acreditar no amor por um bom tempo... E se o próximo me magoar? E se mais uma vez não for recíproco? Eu nunca vou conseguir diferenciar quando sim e não? Sou tão besta assim? Essas eram as perguntas mais frequentes que passavam na minha cabeça.

Mas lá no fundo eu sabia que era só questão de dias para tudo aquilo se dissipar, bastava chegar alguém novinho em folha, e a verdade é que nunca vamos saber se a pessoa vai ficar um dia ou uma vida toda, esse é o clichê mais sincero de todos. Também não vale a pena antecipar a dor já tendo a certeza de que aquilo não vai dar certo e que você vai sofrer. Calma. O equilíbrio sempre vai ser a chave de tudo e você precisa aprender a dosá-lo.

Já falei por aqui de como as coisas acontecem aos pouquinhos, principalmente nos relacionamentos, mas se você perceber que o cara não está na mesma que você o melhor é se afastar mesmo, porque no final só quem vai sair machucada é você, é algo como um tiro no próprio pé.

Ah, menina! Deixa de se preocupar e se doer tanto! Olha aí um novo amor batendo à porta... Vá vivê-lo!

Este capítulo combina com
"Magnets",
de Discloure

A disputa para ser melhor

Por que a gente tem essa necessidade de ser sempre melhor do que os outros? Falo isso não só na escola, na universidade, no trabalho, mas principalmente nos relacionamentos. A gente quer ser sempre melhor do que aquela ex-namorada ou aquela menina que se interessa pelo cara com quem estamos ficando ou de quem apenas gostamos. Isso é incrível – e um pouco surreal também!

Tudo bem que sempre tem aquela ex-namorada que fica "alfinetando" e que você sabe que tem efeito sobre o cara, e também tem aquelas meninas que praticamente se jogam em cima, mas com essas a gente nem se compara. O problema surge quando você sabe que aquela ex teve uma parte muito importante na vida do cara e isso, querendo ou não, te deixa um pouco insegura. "E se ele ainda fala com ela?". Puf, é de matar! Isso resulta em longas *stalkeadas* nas redes sociais para ver se a tal garota é mais bonita que você, se faz o mesmo que você, e basta nos juntarmos com nossas amigas que os comentários se tornam ainda mais longos. (Nem adianta negar que *eu sei* que você também já fez isso!)

A verdade é que quando nos sentimos "atingidas" logo queremos mostrar que somos superiores ao outro – apesar de muitas vezes não agirmos assim – e que de forma alguma o tal cara vai nos trocar por ela. Pensamos assim para levantar o nosso ego e muitas vezes nos machucamos porque a realidade acaba não sendo a mesma.

É importante saber que aquela ex-namorada, assim como o seu ex-namorado, viveu inúmeros momentos juntos. Entretanto, se ambos resolveram terminar com aquilo, é porque alguma coisa não deu certo, isso é óbvio! E a probabilidade de dar certo novamente, como já disse, é quase nula.

Eu tive uma amiga que passou pela seguinte situação: ela começou a se envolver com um cara e ele era ótimo. Eles tinham uma química incrível e sempre que eram vistos juntos todos diziam que com certeza eram loucos um pelo outro. Mas quem estava "de fora" não via e não sabia que o cara ainda tinha sentimentos pela ex-namorada e, o pior, mantinha uma relação de "amizade" com ela. Eles até chegaram a conversar sobre essa relação e ele falou com toda clareza que ainda gostava dela pelo simples fato de terem passado juntos um bom tempo e blá-blá-blá. Ela sempre ficava um pouco apreensiva com essa "amizade", mas guardava a intuição para si mesma e continuava bem com ele. Até que certo dia ela viu uma mensagem no celular dele, dizendo que sentia falta dela. Senti meu coração partir quando ela me contava isso. Senti a mesma dor porque definitivamente ninguém deseja ou espera ver algo assim.

Lembro que ela me disse que ninguém nunca ia entender o porquê de ela simplesmente ter deixado isso para lá, e também que sentia, no fundo, que não deveria jogar as coisas para o ar. Fiquei confusa, mas procurei entender seu lado.

O problema começou quando ela simplesmente ficou "vidrada" na vida da menina, olhava o Instagram dela sempre para ver se ela estava bonita, feia, gorda, magra, se tinha ido para o show daquela banda péssima, se tinha algum comentário suspeito de que ela estava com alguém e assim por diante. Eu notava que o tempo todo ela queria ser bem mais do que aquela menina, não esteticamente, mas na vida do menino. Ela sempre foi uma das meninas mais seguras e confiantes que eu já havia visto e sempre a tomava como exemplo para mim, mas a forma como essa situação a atingiu fez com que se tornasse uma pessoa totalmente insegura.

O que resultou em um "grude" sem fim no cara. Querendo saber onde ele estava, com quem, e, pior ainda, ficava soltando piadinhas insinuando certas coisas. Não a julgo porque tenho certeza de que uma coisa dessas deve ter dado um nó na cabeça dela, mas acredito firmemente em uma coisa: o que faltou nessa história toda foi somente amor-próprio.

Não importa se a menina é a deusa do mundo todo; eu acredito que se nos amamos como somos ninguém vai ter a ousadia de te amar menos por isso. Nem a tal ex que teve uma vida com o menino de quem você gosta. E se mesmo assim o cara não te valorizar... É importante saber que a porta está sempre aberta tanto para entrar como para sair da sua vida.

Este capítulo combina com
"Dark Paradise",
de Lana Del Rey

O medo de não encontrar alguém igual

Por que sempre que terminamos um relacionamento nos rendemos ao lento drama do "Estou tão triste! Nunca vou encontrar alguém como ele!"?

Lembro que, em diversas conversas, discutia isso com a minha melhor amiga, a Alice, e ficávamos aterrorizadas – ou desesperadas? – com esse fato... "E agora?", "Tenho a sensação de que achei o cara perfeito para mim", "Não consigo conhecer ninguém novo porque ninguém parece com ele". Essas frases eram típicas em nossos diálogos e elas surgiram porque possivelmente ou aparentemente tínhamos encontrado "o cara das nossas vidas". Estávamos perdidamente apaixonadas por caras que nos faziam literalmente de trouxas. Nossa amizade tinha isso em comum, nos apaixonávamos pelo mesmo tipo de cara, mas nunca pelo *mesmo* – se é que você me entende. Nossos relacionamentos eram sempre do mesmo jeito: uma típica relação em que parece que nada vai dar certo, mas quando se está prestes a jogar tudo para o ar, o outro acaba mudando totalmente de atitude e você se encanta ainda mais. Bem, o final disso vocês já devem saber. Isso rendeu um bom tempo de idas e vindas até o dia em que resolvemos nos afastar de vez. Precisávamos focar nos nossos futuros e essas relações não pareciam que iam nos levar em algo.

Vez ou outra, em meio a intervalos de estudos e finais de semana, nos pegamos tristes sentindo falta daquele cara, e junto a essa saudade surgia a sensação do "Nunca vou encontrar alguém como ele!". Fiquei me perguntando o porquê de esse pensamento vir tão forte; algumas pessoas dizem que quando acontece isso devemos ficar felizes por não encontrar alguém igual, já que essa pessoa nos machucou, mas eu me refiro a não encontrar alguém igual nas qualidades, no jeito de ser que parecia ser tão igual ao seu, na forma como as conversas simplesmente fluíam a todo o momento e no quanto as coisas pareciam se encaixar aos poucos.

Confesso que uma das coisas mais difíceis é encontrar alguém na mesma sintonia que você. E acredito que seja por causa disso que surge o medo de não encontrarmos alguém igual ou à "altura" daquele ex. Isso é um sentimento normal, você com certeza já deve ter passado pelo mesmo com algum dos seus ex e hoje em dia ri por pensar dessa forma – pode até ser que você tenha encontrado alguém tão especial quanto.

O problema é que por muitas vezes estamos tão focadas naquilo que passou, naquilo que possivelmente perdemos, que simplesmente esquecemos de olhar as coisas mais à frente e, principalmente, acabamos por não ver quem, por muitas vezes, está literalmente ao nosso lado. É possível sim que você nunca mais encontre alguém como aquele cara que você amou com todas as forças, mas você vai sim encontrar alguém com as qualidades que mais te encantam e até com algumas a mais que você nem sabia que poderiam existir. Achar que não vai encontrar alguém igual é tolice.

Lembre-se também de que a parte mais divertida pode ser exatamente o caminho para esse "encontrar". Se eu fosse contar para você todas as histórias pelas quais já passei antes de encontrar esse tal "cara certo", para mim com certeza iria morrer de rir. Tenho uma série de encontros frustrados sem fim, mas que hoje em dia eu sei que foram essenciais para eu aprender a ver que certas coisas realmente não iria querer na minha vida.

Demorei muito tempo para levar a maioria das situações pelas quais eu passo como aprendizado. Para deixar de ver tudo o que acontecia comigo como um castigo ou "punição" por algo que eu fiz de errado, mas sim como algo maior que um dia vai fazer parte do meu amadurecimento e vai me tornar quem sou ou quem quero ser. Uma pessoa cada vez melhor.

Não se permita pensar que não encontrará alguém como aquele cara; já repeti essa frase tantas vezes que nem eu acredito mais. O tempo é o segredo e a chave de tudo. No começo é sempre difícil, mas o tempo ajuda a curar tudo – e é a melhor parte para se redescobrir.

É o maior clichê que você já ouviu, mas com certeza é a maior verdade de todas. Procure sempre conhecer pessoas novas, porque com cada uma delas você está aprendendo algo novo que você pode acrescentar ou riscar da sua vida. É simples. Nunca se permita deixar de acreditar nas coisas novas; por mais que demorem, elas sempre chegam.

Afinal, sempre surge alguém para se encantar e se apaixonar mais uma vez, não é?!

Este capítulo combina com
"What You Know",
de Two Door Club

Existe amizade pós-relacionamento?

Sempre que me faziam essa pergunta ou eu a via ser debatida em algum lugar minha resposta era simples: óbvio, por que não?!

A verdade é que, apesar de os meus relacionamentos terem terminado de forma aparentemente tranquila, eu não continuei realmente amiga deles. Cumprimentava e vez ou outra trocávamos algumas palavras, e nada mais. Mas a ideia de ter uma amizade com eles, "de fora", parecia normal. Bem... Até isso realmente acontecer – ou tentar.

E volto à história com o tal do Pablo.

Certo dia eu fiquei tão cansada disso de "só amigos" que eu me rendi: "Droga, se ele quer tanto isso, pronto. Seremos só amigos e fim". É... Falar isso foi bem fácil – para ambos, viu? – e prático, mas a realidade mostrou-se um pouquinho diferente. Falei essa frase tantas vezes para que ele que chegou uma época que nem eu acreditava mais naquilo porque simplesmente parecia impossível.

Quando saíamos juntos, aparentemente apenas como amigos, era uma das coisas mais engraçadas do mundo. Já tinha se transformado em rotina entrar no carro e dar um beijinho, ou andar abraçados, ou dar uma leve mordida no lábio mostrando involuntariamente quando queria beijá-lo. E apenas o fato de tentarmos não fazer isso incomodava um pouco e ele implicava comigo: "É por isso que eu digo que amizade colorida é bem mais divertida", e era impossível não cair na gargalhada. Eu sabia lá no fundinho o quanto nossos momentos juntos eram especiais, eu só nunca conseguiria entender por que ele se controlava tanto quanto a se permitir que fôssemos algo a mais que aquilo. Já falei que ele era o cara mais confuso de todos? Até para escolher um simples prato no restaurante demorava horas até saber qual era exatamente o certo. E no nosso caso nenhum caminho parecia ser o certo.

Quando falávamos aos mais próximos "Ah, agora somos só amigos!", a resposta era sempre um "Sei..." seguido de certa ironia ou um "Essa história é antiga" e principalmente um "Vocês falam isso, mas não conseguem se largar".

O que eventualmente nos separou foi meu sentimento a mais por ele e, como mágica, a distância surgiu na hora certa; era incrível como eu parecia ser atraída para esse tipo de coisa. Alguns meses depois ele iria se mudar para um intercâmbio, passaria algum tempo estudando fora e, bem, teríamos de nos afastar. Ainda falávamos sobre possíveis visitas ao longo desse tempo, mas sabíamos que o melhor era nos separarmos um pouco. Seria o melhor. Mas, claro, continuaríamos com a amizade de sempre. Ou pelo menos pensávamos isso.

No início parecia ser fácil, afinal as novidades que ele me contava eram inúmeras e eu queria saber de cada uma delas. Porém, as coisas por aqui foram tomando seu rumo e os estudos por lá estavam cada vez mais complicados. Era impossível manter uma relação só de amizade sabendo que eu gostava tanto assim dele.

Hoje em dia se você me perguntar se existe amizade pós-relacionamento eu direi que "não sei" mais, mas que acredito ser muito difícil se uma das partes ainda amar muito a outra. Querendo ou não você ainda vai se sentir ligada àquele cara e, sendo assim, não conseguirá ficar aberta a novas possibilidades. Uma hora ou outra algo vai te machucar bastante, porque ele vai te tratar como uma verdadeira amiga e você vai desejar não saber certas coisas, como, por exemplo, outras garotas. É difícil, eu sei. Eu gostava tanto dele, que só queria estar por perto, não importando se fôssemos casados ou apenas amigos, mas com o tempo eu vi que as coisas não funcionavam bem assim.

Confesso que hoje em dia ainda trocamos algumas poucas mensagens, mas mantemos o receio de voltar para aquele "nó".

E eu mentiria se dissesse que lá no fundo essa não seria a minha grande vontade.

Este capítulo combina com **"New Romantics"**, de Taylor Swift

Tapa-buracos? Oi?

Algumas situações já se repetiram tantas vezes na minha vida que quando acontece mais uma vez... Ah! Quem diria que isso iria acontecer, né?

Sério.

Parece até pessimismo falar assim, mas hoje em dia eu estou quase acreditando nessa coisa toda de ser alguém tapa-buracos. Parece até inacreditável aquilo estar acontecendo mais uma vez.

O fato é o seguinte: sempre existem outras garotas e normalmente eu sou a última a saber que alguns caras só se relacionam comigo para "curar uma ferida". Tá, tudo bem. É claro que todas as pessoas com quem vamos nos relacionar provavelmente já terão vivido outros vários relacionamentos e blá-blá-blá. Mas eu não estou falando disso.

Eu falo do tipo de cara que continua preso com alguém do passado; isso é uma droga porque nunca sei diferenciar nem identificar.

Parando para pensar agora, aparentemente, todos os meus cinco últimos "casos" ainda eram apaixonados pela ex. Tapa-buracos? Eu? SIM! Descobrir isso com o tempo sempre foi uma droga para mim, porque me sentia uma grande idiota, mas parecia ser inacreditável como aquela história estava ali se repetindo tantas vezes seguidas. Como era possível? E pior ainda... Eu me sentia totalmente insuficiente, o que tornava toda situação ainda pior. Eu me sentia como aquela garota que serve para esquecer a outra garota, mas não a para namorar. A para namorar seria a próxima. E era. Ou no pior dos casos... De volta para a ex!

Recentemente conheci um cara, o Marcos, e, sério, ele era um gato! Na verdade era o pacote completo: bonito, inteligente, divertido, educado. Tínhamos muito em comum, gostávamos basicamente das mesmas coisas e quase sempre nossas histórias nos faziam rir mais do que o normal. Era inacreditável que tudo aquilo estava acontecendo de verdade. Como eu estava feliz e como nada poderia atrapalhar... Ele havia acabado de se mudar para minha cidade e, bem... Nada de ex! Na verdade, chega a ser até engraçado, porque quando nos conhecemos ele perguntou se eu estava apaixonada por alguém.

Tudo parecia ir tranquilo como deveria ser. Tranquilo demais, na verdade. E quando eu já estava a ponto de comemorar a reviravolta que minha vida parecia ter dado e que, finalmente, as coisas iriam dar certo nos relacionamentos, o que tinha de dar errado... deu.

Resolvi dar aquela velha olhada no perfil do cara, uma pequena *stalkeada*, e eis que vejo uma foto com um grupo e no cantinho da foto uma velha "amiga". Na hora só tirei *print* e enviei para a minha amiga Jess. Morremos de rir da situação e ela soltou a seguinte frase: "Sabe essa menina ao lado dele na foto? A morena? Ele passou o feriado de Carnaval todo com ela, mas vocês nem se conheciam ainda". Ufa. Ainda nem nos conhecíamos. Porém, depois que vi o nome da menina foi que notei que nas fotos mais recentes dele havia comentários dela. Ops! Claro, isso tinha que acontecer comigo mais uma vez.

Para resumir, aparentemente ele ainda tinha alguma coisa com aquela garota, fosse apenas conversa, mas quando falei o nome dela (como quem não quer nada) o cara desapareceu do mapa. Juro!

Não poderia ser mais hilário. Afinal, esse tipo de coisa só acontece comigo. Tenho a sensação de que só atraio esses caras. Dessa vez, quando aconteceu o mesmo, não fiquei triste ou decepcionada, nem nada do tipo, mas me deu uma vontade imensa de rir, porque aparentemente parecia que a vida estava pregando alguma peça comigo.

A questão é que todos nós somos tapa-buracos uns dos outros. Aprendemos que o "truque" para esquecer alguém é conhecer uma nova pessoa. E talvez ela não se apaixone por você, mas isso acontece e nem por isso a culpa é sua ou que você é insuficiente. É simples, talvez vocês realmente não dessem certo e o fato de ter outra pessoa por trás conta sim um pouco, mas não muda o fato, sabe?

Eu brinco com essa situação de ser tapa-buracos e de a situação se repetir várias vezes, mas acho que é para chegar a hora de só rir quando ela chegar. Vai saber... Pelo menos ate alguém chegar e ficar eu me divirto um pouco.

SEG TER QUA QUI SEX SAB D

Este capítulo combina com
"1,2,3,4",
de Plain White T's

A distância e seus amores

Acho que não há outra pessoa no mundo que já teve tantos "problemas" e "conflitos" com a distância do que eu. Sério. Isso vai de amizades a relacionamentos. Desde muito nova eu gostei de conhecer pessoas de outros lugares, novas culturas, e, toda vez que viajava, principalmente para *resorts*, eu acabava conhecendo muita gente, porque a convivência era maior e mais forte, digamos assim. Em alguma postagem no meu blog – ou em várias – eu contei para vocês o quanto eu amo a revista *Capricho* e a acompanho desde sempre. Mas o que isso tem a ver? A *Capricho* tinha uma seção no site e na revista chamada de "Colírios Capricho", e entre meus treze, quatorze anos, eu vivia de olho nessas coisas, e ia ao delírio, seguia todos no Twitter – que era a rede social do momento – e tentava falar com todos. Juro. Eu era muito ridícula. Hoje rio muito quando me lembro do tanto de tolice que eu fazia naquela época. Em meio a esses tantos "contatos" eu acabei conhecendo um cara de São Paulo, que na época tinha entre dezoito e dezenove anos. Meu Deus, eu fui mesmo ao delírio.

Vocês acreditam que já faz cinco anos que eu converso com ele? É surreal! O mais incrível é que todas as vezes que a gente tenta se encontrar o destino faz uma loucura e dá tudo errado. Mesmo não nos comunicando com tanta frequência como antes, sempre tem uma época em que nos falamos tanto quanto antes. A gente nunca perdeu esse contato e é muito bom como ele acompanhou todo o meu crescimento, e vice-versa. Ele é o responsável pelo meu blog ter nascido porque me ensinou a amar escrever – ele tem um blog de textos incrível! – e sou muito grata por ter descoberto esse prazer que tenho cada vez que escrevo uma postagem nova. É maravilhoso porque eu vejo nele tudo o que eu pretendo ser um dia: estudar Jornalismo em SP, trabalhar fora, escrever... Nossa! Todos os dias eu penso em como vai ser quando a gente se encontrar pessoalmente É muito louco e ao mesmo tempo incrível isso que a distância proporciona.

Nesse meio-tempo, namorei um cara de uma cidade vizinha à minha (que contei para vocês em outro texto) e eu acho incrível como tem vários caras na minha cidade, mas eu sempre vou atrás dos que estão fazendo intercâmbio ou que vão se mudar, tipo, no dia seguinte – sim, isso já aconteceu. Quando eu viajava com minha família para resorts em cidades próximas sempre acabava conhecendo gente de Natal, São Paulo, Rio, Floripa, e era muito ruim porque passávamos vários dias juntos e, do nada, tínhamos que nos despedir e manter um contato a quilômetros, o que é muito complicado, porque as pessoas seguem suas vidas e têm rotinas totalmente diferentes, vez ou outra ainda tenho contato com alguns, mas não com todos. Mas com as redes sociais consigo acompanhar a vida deles mesmo de longe.

Eu odeio a distância com todas as minhas forças e parece que ela me persegue diariamente. As pessoas mais legais que conheço no mundo moram a quilômetros de mim. Eu tenho um amigo da Alemanha, acredita? Ele é a melhor pessoa da vida!

Eu acredito muito em relacionamentos à distância se você consegue ver a pessoa com alguma "frequência"; aí acredito que pode dar certo. Acredito também que talvez o motivo de conhecer os caras de fora e gostar mais deles seja porque os daqui não combinam comigo, sabe? Às vezes isso acontece: o cara que senta ao seu lado na escola não tem nada, absolutamente nada a ver com você, mas o que mora lá do outro lado do universo é perfeito. Isso é do ser humano. A gente gosta do que é difícil, complicado, e casos como eu e do cara que conheci há cinco anos podem ser de verdade.

Eu moro em uma cidade pequena, conheço quase todo mundo porque, afinal, todo mundo se conhece: ou já me relacionei, ou minhas amigas já tiveram alguma coisa, ou é primo do meu ex ou de um amigo e por aí vai. Então sempre que viajo para um lugar novo e olho para fora da minha rotina eu me encanto. Talvez o motivo de ter facilidade para me relacionar com pessoas de fora seja para realmente ter algo ou só para fazer novas amizades para fugir dessa realidade da minha rotina, sabe? Das mesmas pessoas de sempre.

Toda vez que um relacionamento meu "fracassa" aqui, eu penso: "Putz, será que isso não aconteceu porque eu realmente nasci para ficar com aquele menininho que mora lá do outro lado do mundo?". Sim, eu penso nesse tipo de coisa. "Ah, Gaby, mas relacionamento a distância é tão difícil", é e muito! Dificuldade a gente tem em tudo na vida, seja em relacionamento, trabalho, amizade... Por que querer as coisas que estão sempre mais fáceis e cômodas? Eu faço parte do time que, se bateu um sentimento muito forte, vai se entregar e ver até onde aquilo vai levar.

Quando eu imaginaria que teria uma amizade de cinco anos com um cara que hoje em dia mora em Boston? Quando eu imaginaria que ele é igualzinho a mim e que sabe meus defeitos e qualidades do começo ao fim? As coisas acontecem, sabe?

Nunca comece nada achando que é difícil demais e que nunca vai acontecer ou nunca vai dar certo. Às vezes você está perdendo uma chance incrível ali só porque ficou com medo, resguardada. Claro, você precisa ter a cabeça aberta e ser madura para esse tipo de coisa.

Opa! Acabei de conhecer um cara novo... Nossa, mas ele mora em Salvador? E está se mudando para a França?

Pô, distância!

Este capítulo combina com
"Lush Life",
de Zara Larsson

Sobre estar solteira

Sempre detestei ficar sozinha e também sempre achei que isso tinha muito a ver com autoestima e ser autossuficiente.

Mas vamos por partes.

Durante um bom tempo sempre que eu terminava um relacionamento detestava ficar sozinha. Ah, fala sério, é tão melhor ter companhia para certas coisas, né? Eu não era do tipo que terminava hoje e amanhã já estava em festas atrás de alguém, mas repetia e pensava mais de mil vezes no quanto eu queria alguém. Só que não fazia esforço algum para encontrar, gostava de aproveitar esse meu "luto", porém quando conhecia alguém já me "apaixonava" por ele... e as coisas pareciam dar um pouquinho certo, por assim dizer.

Tive muitas amigas que procuravam vários "amores" em festas. Também conheci pessoas que acabavam ficando com várias outras para poder esquecer alguém e, quem sabe, não "substituir" um amor por outro. Era óbvio que aquele "casinho" de uma noite nunca iria render nada mais... pura carência. Tinha exceções, mas sabe como elas são, não é?

Hoje em dia eu amo estar sozinha. Eu amo ir a uma cafeteria e passar a tarde inteira lá escrevendo ou tirar o dia para assistir a vários filmes de uma vez só. É minha maior terapia. Quando termino um relacionamento não fico enlouquecendo, desejando alguém, às vezes eu só penso em não ter ninguém por um bom tempo. Nada de relacionamentos naquele momento; eu acho que é nesse meio-tempo que você aprende a se conhecer e criar coisas novas. Acabei descobrindo, assim, o verdadeiro significado de estar solteira.

Poder aproveitar esse tempo sozinha é uma das melhores coisas que o "estar solteira" permite. Claro, chegará uma hora em que ter alguém vai ser tudo de maravilhoso, mas enquanto isso não acontece é importante não passar esse tempo se lamentando e pensando vinte e quatro horas no quanto ter alguém seria bom. Você sabe que as coisas acontecem por acaso e que uma hora surge alguém que vai te encantar e blá-blá-blá.

Saiba aproveitar esse tempo sozinha. Conheça-se, aprenda a se amar e precisar apenas de você para ser feliz. E é aí que eu falo para você da autoestima e da autossuficiência que citei no início deste texto. Ah, gente... Quando eu descobri isso minha vida mudou tanto! Hoje em dia, apesar do mais clichê que seja, vejo cada fim de relacionamento como um novo recomeço para eu me conhecer, para sempre ser mais eu, não importando o que aconteça, porque tenho certeza de que isso é o mais valioso que podemos ter.

Quer uma boa forma para se distrair e começar a ser autossuficiente? Faça coisas que você ama e, mesmo que comece a namorar, você não queira abandonar. Eu, por exemplo, não troco passar um momento sozinha em minha cafeteria preferida por nada. Digo isso porque sei que muitas pessoas, quando começam a namorar, vivem no mínimo 80% pelo relacionamento e, convenhamos, apenas 20% para si é muito pouco, né?

Sem falar que, quando você mostra que é uma pessoa totalmente bem resolvida com suas coisas, olha... isso encanta qualquer um! Hoje eu me sinto totalmente orgulhosa quando conheço algum cara e ele diz que acha "massa" o trabalho do blog e como eu sou totalmente responsável com isso, do tipo, meu blog em primeiro lugar. Isso também já gera outra coisa que é não botar a pressão da sua felicidade no cara – vocês nem imaginam o tanto que eu fazia isso.

Resumindo, não encare *estar* solteira como *ser* totalmente sozinha. Aprenda a usar esse tempo para criar, se divertir com as amigas e ser cada vez mais *você*, porque, querendo ou não, alguns relacionamentos vêm e vão, e você precisa saber lidar com isso. Chegará um momento em que as coisas acontecerão por acaso e você nem vai sentir tanto a dor porque vai estar ocupada demais vivendo tudo o que criou para si.

Eu garanto para você!

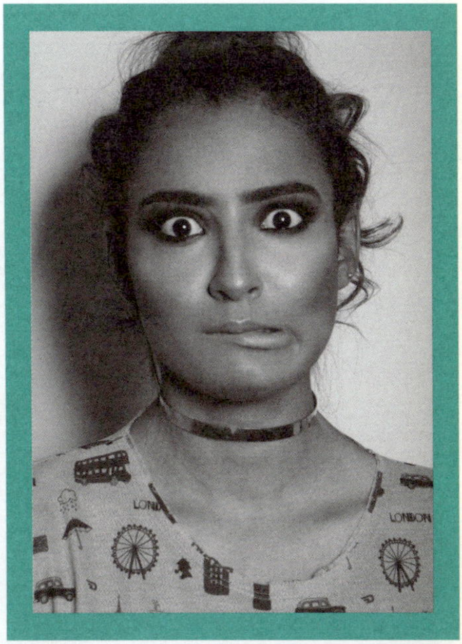

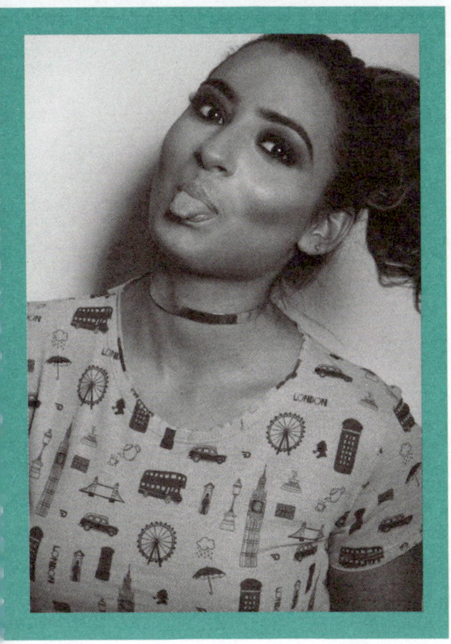

LONDON

You have

You have
NOTHING

Este capítulo combina com
"Back Home",
de Owl City

Vivendo com pais separados (ou quase)

Esse realmente é um assunto bem delicado de se falar e que, sinceramente, não consigo ver muitas pessoas falando sobre. Acredito que seja porque a grande maioria que vivencia não consegue associar tudo que vem acontecendo, o que gera um tumulto interno que eu entendo perfeitamente, ou no pior dos casos – talvez até melhor, dependendo do seu ponto de vista – prefere ignorar a tudo que vem acontecendo.

Vou contar uma história para vocês antes de falar – ou pelo menos tentar – um pouco sobre esse assunto.

Meus pais sempre foram muito unidos e, mesmo que eu não notasse isso o tempo inteiro, sempre foi muito admirável a cumplicidade deles. O que eu achava mais bonito era que mesmo logo após uma inevitável discussão eles não perdiam a forma de brincar um com o outro. Meu pai sempre soltava uma piada para fazer a minha mãe dar uma risada ou a chamava de algum apelido que a fazia se sentir boba, o que era muito engraçado! Ambos sempre me apoiaram em quaisquer de minhas decisões e me admiravam por começar as coisas tão nova. Mesmo tantas vezes meu pai falando que deveria estudar em vez de estar com o blog, eu sabia que a cada nova conquista ele se sentia orgulhoso e que nunca seria capaz de deixar de me apoiar no que minha família – em geral – chamava de "loucura" e "algo sem futuro".

Com o tempo as coisas foram mudando. Fui querendo tomar outros rumos, queria fazer faculdade em São Paulo e, querendo ou não, meus pais foram pegos de surpresa, isso acabou mexendo com eles. Foram meses tentando fazer de tudo para que eu mudasse de ideia... essa história vocês já conhecem. Passado esse episódio, as brigas entre os meus pais tornaram-se cada vez mais constantes. Tão constantes que eu simplesmente não suportava a ideia de ficar em casa, eu precisava sair o tempo todo, fosse para uma festa ou apenas para comer um sushi com meus amigos.

Enquanto essas coisas aconteciam, eu não fazia a mínima ideia do que realmente se passava; eu apenas preferia ignorar aquilo e agir normalmente. Só depois de um tempo que eu notei que algumas atitudes minhas foram no intuito de querer evitar essa situação.

As festas às quais eu ia uma vez ao mês apenas para descontrair tornaram-se semanais e isso rendeu, no total, três meses completamente loucos. Saía por volta das 22 horas e voltava às 15 horas do outro dia – sempre acabava dormindo na casa de alguma amiga. Minha vida definitivamente era uma festa e eu queria viver assim para sempre!

Mal sabia naquela época que um dos motivos desse meu comportamento era para evitar as discussões em casa. Mal sabia também que as discussões pioravam pelo fato de eu não estar lá, e sim "solta no mundo". Até que um dia, pouco antes do meu aniversário, meu pai e eu fomos jantar e ele me falou que eu deveria parar um pouco com as festas. Ele disse que se eu fosse a uma sessão com o terapeuta ele nunca mais falaria sobre o assunto comigo. Tá ok. Uma sessão e só. Não sou o tipo de pessoa que gosta muito de ir a terapeutas.

Preciso dizer que foi a melhor coisa que já fizeram por mim?

Eu realmente precisava de alguém, fora do meu ciclo, para conversar. Foi quando eu vi que as coisas entre os meus pais estavam me afetando um pouco e eu só queria uma maneira de evitar tocar no assunto. Meus pais se separarem? Puf! Isso não existe! E olhe que eu acredito muito que se as coisas não vão bem, essa é a melhor decisão a ser tomada: casais se separam o tempo todo hoje em dia. O fato é que aquilo parecia ser "normal" visto de fora e totalmente "anormal" visto de dentro.

Quando eu realmente passei a ver as coisas do jeito que realmente estavam acontecendo, sem fugir, eu absorvi a dor três vezes mais. É difícil ver que uma hora as coisas estavam bem e que a relação dos meus pais era de dar inveja a qualquer um que estivesse há mais de trinta anos juntos, e que de uma hora para outra as coisas não eram "suficientes". Mudanças acontecem o tempo todo e algumas nos marcam para o resto da vida.

Via minha mãe sempre debatendo e conversando sobre o que vinha acontecendo com suas amigas e ficava devastada com tudo aquilo. Ela estava realmente triste e lutava com todas as forças para as coisas ficarem bem novamente. Via meu pai cada vez mais calado e cada vez mais distante de casa, ele havia chegado ao ponto em que não queria mais discutir nada, apenas queria esperar que as coisas passassem.

Era difícil cada vez que minha mãe chegava para mim e me dizia: "Acho que hoje o seu pai não vai voltar mais para casa. Se prepare. Daqui para frente será só eu e você. Eu te amo". Meu pai sempre voltou, mas nesse meio-tempo minha cabeça parecia fazer um nó. Como vão ser as coisas daqui para frente? Para quem eu vou pedir tal coisa? Quem vai me acompanhar na academia e depois vai brincar comigo me chamando de gorda? Como será não ver meu pai todo dia? Como será que minha mãe vai ficar? Será que vou conseguir ajuda-los?

Será que vou ter que escolher um lado? Eram tantas perguntas que se atropelavam na minha cabeça que eu nem sabia o que dizer.

Às vezes, essas coisas acontecem e você precisa sim encarar tudo. Tentei evitar por muito tempo o que estava acontecendo, mas isso nunca foi solução. Sei que nós como filhos não podemos fazer muita coisa a não ser esperar que as coisas se resolvam. É importante saber que você não deve ficar no meio dos dois. Você não precisa escolher um lado. É possível que as coisas se acertem e depois de um tempo essa será apenas mais uma história no seu livro de situações passadas e superadas. Mas também é possível que seus pais tomem rumos diferentes, e é ainda mais importante você saber aceitar essa decisão. Tenho certeza de que você, mais do que ninguém, sabe o quanto é ruim estar ao lado de quem não nos faz bem mais e isso não quer dizer que você nunca amou a pessoa, mas às vezes isso não é mais o suficiente e você precisa apoiá-los e amá-los da mesma forma.

Quando toda essa situação aconteceu comigo vi meu mundo virar de cabeça para baixo rapidinho. Me trancava no banheiro e chorava por horas, mas depois passei a entender que eles, melhor do que ninguém, sabem o que é melhor para suas vidas. Botei na cabeça que estaria pronta para o que viesse a acontecer. Eu só sabia que ia amá-los, não importando o que acontecesse.

Se você está passando pelo mesmo, saiba que duas coisas são fundamentais: calma e paciência. Todos os problemas se resolvem e tente sempre tirar um bom aprendizado de cada um deles. As coisas vão se encaixando aos poucos. Tenho certeza.

Ah! E quanto aos meus pais?

Meu pai continua voltando para casa todas as noites.

ESCOLHER UM LADO

Quando os meus pais estavam passando por essa situação um tanto complicada e delicada esta pergunta se passava muitas vezes na minha cabeça: "Eu devo ficar do lado de quem?". E ela só surgia porque eu me via pressionada pelos meus pais, principalmente pela minha mãe, para ter que escolher quem era o certo da situação toda. No caso não existia nem certo nem errado, muito menos eu deveria escolher um lado para "apoiar".

Eu sempre tive uma relação muito boa com os meus pais e, apesar dos trabalhos que toda adolescente dá, eu sempre tive uma relação de extrema confiança e amizade com ambos. A diferença era que as discussões com meu pai praticamente não existiam e com minha mãe era sempre superlativa – extremamente protetora. A vontade da minha mãe de sempre desejar que eu ficasse "ao lado dela" era porque ela simplesmente achava que eu sempre estava com o meu pai, apenas pelo fato de que sempre andávamos juntos: ele era quem me levava para todos os lugares e vez ou outra eu sempre o ajudava a escolher as suas roupas novas.

Isso de ter que escolher lados nunca existiu para o meu pai, mas para minha mãe parecia primordial. E a minha resposta era sempre a mesma: "Eu não tenho que estar ao lado de ninguém" e fim.

Eu acredito que todo filho que está passando por essa situação em casa, querendo ou não, sofre uma pequena pressão dos pais. "Afinal, se eles se separarem eu vou ficar com quem?" Essa é uma pergunta normal e com certeza ela surgirá sem muitos esforços. E eu sei que sua cabeça vai virar um nó dezenas de vezes ao repassar essa pergunta. A verdade é que você nunca imaginou que ela poderia existir e, bem... É complicado quando você tenta respondê-la. De início, ela parecia ser bem simples, a resposta era sempre a mesma, mas com o tempo você não imagina o tempo que eu levava reunindo os "prós e contras" de um e de outra para assim chegar à melhor conclusão.

Achava toda essa situação muito triste. Eu realmente tinha que pensar nisso?

O que mais eu aprendi com tudo isso foi que vez ou outra a vida nos pega de surpresa com perguntas totalmente inesperadas e em alguns casos você tem que ter as respostas na ponta da língua, mas é importante não se desesperar. Talvez se eu tivesse me precipitado em escolher um ou outro eu poderia ter falado certas coisas e comprometido totalmente minha relação com ambos e isso seria bem pior do que apenas escolher. Isso não é um jogo de cartas em que você deve escolher uma e pronto; são vidas e caminhos totalmente diferentes que você vai tomar e querendo ou não vão definir uma parte da sua vida.

Como eu disse no texto anterior, paciência e calma são duas coisinhas que vão surgir ao longo de todo esse tumulto, e o mais importante de tudo, você vai ter aprendizado. Não só para passar por essa "tempestade", mas principalmente para enfrentar os problemas futuros.

Antes de tudo ser concretizado não se desespere pensando em escolher com quem ficará ou quem é o certo da relação: como já disse anteriormente, filhos nunca devem ficar no meio dos dois por mais inevitável que pareça. E, bem, se um dia você precisar escolher não se preocupe com isso, pois não é porque você escolheu um que nunca mais vai poder ver o outro, sabe? Apesar de toda a confusão você é o bem mais precioso de ambos.

E estão lembrados, não é? Nenhum problema dura para sempre e com o tempo tudo se resolve.

Enquanto isso... Pegue leve com você mesmo!

Este capítulo combina com
"Ela só quer paz",
de Projota

Sobre as situações inevitáveis da vida

Acredito muito que quando algo tem de acontecer, vai, de uma forma ou de outra, acontecer.

Sempre tive isso na minha cabeça e isso serviu de pontapé para observar as coisas por outro modo e até chegar a entender o porquê de aquilo acontecer, sabe? Você com certeza já deve ter escutado aquele clichê que todo mundo, na maioria das vezes, vem lhe dizer quando você termina um relacionamento: "Se for verdadeiro, não importa o que aconteça, vocês um dia voltarão a ficar juntos". Pois é! É mais ou menos por aí! Você pode rodar o mundo inteiro e beijar todas as bocas que surgirem pela frente, mas se você for destinado a ficar com aquela pessoa eu tenho certeza de que uma hora ou outra isso vai acontecer. Inevitavelmente.

A mesma ideia serve para aqueles casais que prolongam um término, tornando uma coisa simples em uma dor de cabeça, muitas vezes, bem maior. Você sabe que as coisas não estão indo bem e você sabe que para melhorar requer um sacrifício muito maior de ambas as partes e na maioria das vezes uma delas não está disposta a fazer mudanças. Ou pode até mudar por um tempo, mas no fim sempre acaba voltando à mesma coisa de sempre. Eis o ponto: ninguém pode mudar ninguém, uma pessoa só muda por ela mesma, e não por alguém. Que isso fique bem claro! Mas voltando aos casais que prolongam um término... Eles sabem qual é o fim daquilo, por mais que tentem e se desgastem com discussões, que surgem a todo o momento por qualquer coisinha besta, eles sabem que o melhor é que se afastem.

Sabe também quando acontece uma situação terrível na sua vida e você acha que o mundo inteiro vai desabar? Eu acredito que, se aquilo não acontecer naquela hora, vai ser em outra.

Não é ser pessimista, ou algo do tipo, mas apenas ser ciente de que algumas coisas devem acontecer na sua vida e elas não vão surgir para o seu pior, pelo contrário: elas podem ser para algo melhor: seu crescimento pessoal.

Isso é enriquecedor. Sei disso porque já passei por "n" situações como essas e em todas eu tentei adiar o máximo que isso acontecesse, e quanto mais eu empurrava com a barriga, pior as coisas se tornavam.

Eu sei que é difícil dar um fim em certas coisas, a finalização de qualquer ciclo é um terror! Mas depois que passa e você vê o quanto amadureceu com aquela situação... é gratificante, viu?

Este capítulo combina com
"Wrong Crowd",
de Tom Odell

Sobre as amizades

Se eu fosse falar a vocês sobre as minhas amizades acredito que elas estariam no patamar de decepções, assim como meus relacionamentos.

Não porque eu seja chata ou algo do tipo, na verdade sempre era a mais "bestinha" do grupo que sempre fazia tudo por todos. Quando eu era pequena lembro que tinha boas amigas; no intervalo, entre uma aula e outra, sentávamos todas juntas na mesa da cantina e era algo como nas escolas de filme. Apesar da nossa pouca idade, por volta dos oito, nove anos, éramos completamente patricinhas, e nossa mesa sempre estava "reservada". Começo a rir pensando e escrevendo sobre isso, mas eu juro que é verdade. O grupo se separou quando completamos doze anos de idade e cada uma foi para uma escola relativamente melhor; hoje ainda acompanho a vida delas por meio das redes sociais e vez ou outra sempre tentamos marcar encontros que com certeza nunca vão acontecer. Tudo é bem diferente.

Até aí tudo ok.

Os problemas começaram quando eu mudei de escola e as meninas pareciam ser tão antipáticas e "patricinhas" que os considerados insuficientemente qualificados não poderiam entrar no grupinho; para completar, todos estudavam juntos há anos, o que dificultava mais ainda "novos integrantes". Foi então que comecei a me juntar com os meninos da sala, os *nerds*, melhor dizendo, e mesmo que eu não fosse nem um pouco parecida com eles fiz ali as melhores amizades que eu já tive na vida. Vocês sabem aquela velha história de que amizade masculina é sempre mais verdadeira, né? Então... Era sempre divertido estar com eles porque eles se sentiam tão "excluídos" como eu.

Entre os treze, catorze anos de idade, as coisas começaram a complicar um pouquinho. Tive que me mudar para o turno da tarde e... Não consigo ver outro adjetivo a não ser "víboras" para as meninas com quem fiz amizade. Elas eram do tipo de gente que faz com que a culpa seja sempre sua e que faria o que fosse necessário para que toda a escola acreditasse nisso. Pois é... Bem assim mesmo. Como já disse no início, sempre fui muito "bestinha", então sempre as perdoava; afinal, também não queria perder minhas amizades femininas. Até que chegou ao ponto de eu ir parar praticamente todos os dias na coordenação porque elas roubavam coisas e colocavam dentro da minha bolsa. Acabei levando algumas suspensões e foi quando decidi me afastar.

Nessa época eu estava namorando. Ele era da mesma escola e do último ano, o que fazia todas as meninas ficarem sem entender o porquê de ele estar comigo.

Quando eu fui suspensa pela primeira vez, obviamente me afastei daquelas meninas, mas foi na segunda vez que, ao levar suspensão de três dias e ao voltar para a escola, uma delas já estava em cima do meu namorado. Logo depois fiz uma cena e ele terminou comigo, obviamente.

Fiquei tão revoltada e com tanto nojo de todas aquelas histórias que implorei aos meus pais para me deixarem trocar de escola.

Tenho a sensação, hoje, de que a coisa piorou cem vezes mais.

Cheguei lá iniciando o blog e isso não era algo que as pessoas aprovavam muito. Eu tinha a plena certeza de que eles sabiam que querendo ou não eu já estava na frente deles. A preparação para o vestibular já havia começado e os próximos anos iriam passar voando. De início fiz vários amigos, mas à medida que o blog ia crescendo eu tinha a sensação de que ficava mais excluída. O segundo ano naquela escola foi relativamente bom porque eu aceitava todas as "brincadeirinhas" apenas para não perder as amizades e ficar sozinha.

O terceiro ano ali foi a maior tortura da minha vida. Eu não via a hora de ele terminar logo a cada hora que passava. O blog estava a mil por hora, eu estava viajando bastante e quase todos os dias saía no meio da aula porque tinha algum compromisso relacionado. Era elogiada pelos professores por, tão jovem, ter iniciado um projeto, e totalmente odiada pela turma pelo mesmo motivo. Eu era a sem futuro, a fútil, a que não ia ser ninguém. Tudo porque eu não seguia o simples padrão de cada um deles, tudo porque resolvi me arriscar em um sonho que vinha se tornando mais real a cada dia. E era incrível como eles se enfureciam com aquilo.

Foi um ano bem difícil porque na maior parte do tempo eu estava sozinha. Ainda fiquei amiga de umas meninas, mas eu prefiro nem comentar para não gerar um tumulto (Na verdade já citei no texto "Um futuro incerto", mas shiu!).

Ao longo dessa época, entre o fim de escola e início de faculdade, eu conheci muita gente, pessoas realmente maravilhosas que, eu não sabia, mas torciam por mim, e eu finalmente me senti bem.

Contei tudo isso porque eu sei que muita gente passa pela mesma situação e sei que talvez seja até você que possa fazer o mesmo que essas meninas fizeram comigo. Se você não gosta de tal pessoa, não tem problema, sabe? Às vezes as cabeças realmente não batem, porém o que você realmente precisa saber é que também não precisa fazer da vida do outro um inferno ou muito menos odiar o próximo até a morte.

"Ah, Gaby! Vai dizer que você não odeia todo esse pessoal que fez isso com você?" Não, nem um pouquinho. Sabe por quê? Porque eu sei que posso ter passado pelo inferno, mas sei que cada uma dessas coisas modificou uma parte de mim e quem sabe não foi para eu algum dia vir dar esse alerta para vocês?

Deixem de ver as pessoas como inimigas, que possam te afetar a qualquer momento. Tem espaço para todo mundo porque ninguém pensa da mesma maneira. Ela pode ter roubado seu namorado, mas há tantos outros melhores por aí. Deixem de criar barreiras com as pessoas, de separar por grupos, classe ou cor. E não porque isso torna o mundo melhor, mas porque isso torna uma pessoa humana, pura e única! Seja sempre você o seu melhor!

Hoje, depois de ter passado por tudo isso, eu tenho uma única amiga, a Alice dos vários textos daqui. Eu poderia dar a minha vida para salvar a dela porque eu sei que ela seria a única pessoa no mundo – fora meus pais, claro – que faria o mesmo por mim. E se eu passei por tudo isso para no futuro ter a chance de ter essa amizade... Como eu sou grata, viu?

Espero que dia após dia vocês sejam capazes de construir amizades cada vez melhores e mais honestas. Desejo que você tenha ao menos uma única pessoa com quem possa viajar o mundo inteiro, com quem você poderia dizer que se nada der certo vão morar juntas e abrir um salão de beleza mesmo que nenhuma saiba nem arrumar o próprio cabelo. Uma amizade para desfrutar dos melhores e piores momentos da vida, compartilhar tantas coisas e ouvir da amiga "Te entendo tanto!" ou "Inacreditável como somos gêmeas".

Saibam reconhecer quem realmente está do seu lado, aprendam a escutar, aprendam a perdoar e principalmente a estar de braços abertos para conhecer novas pessoas. As coisas não são como a gente quer, muito menos como imaginamos, as pessoas vão te decepcionar, vão fazer você de besta, vão fazer você não confiar em mais ninguém, mas eu tenho certeza de que vale a pena e que todo mundo deve ter amizades as quais desejaria ter sempre por perto. De todo o coração. Isso faz bem para a alma e você também deve *(merece)* saber do que eu estou falando.

Este capítulo combina com **"Safe and Sound"**, de Capital Cities

Lembrete: não podemos mudar ninguém, mas podemos contribuir

Como desde cedo eu vivo muito nesse meio da moda, que muitas vezes dita que você seja um pouquinho diferente do que já é, convivi e vi pessoas querendo sempre mudar umas as outras. Transformá-las em algo que seria "agradável" aos seus olhos e aos olhos de apenas uma parte, afinal você não pode agradar a todos. E é aí que eu venho com esse lembrete que vez ou outra se torna importante para mim e que quase diariamente eu esqueço.

Páginas atrás eu falei para vocês sobre uma época em que eu simplesmente esqueci quem eu era e que, apesar de ter passado um tempo sem saber exatamente o que estava acontecendo, depois eu acabei voltando a ser quem eu sempre fui.

Durante muito tempo, sempre que eu começava um novo relacionamento eu me transformava quase por completo, eu me tornava exatamente o que o garoto mais gostava – hoje em dia me sinto uma psicopata, juro!

–, mas depois de um tempo eu sempre acabava sendo eu, e quando o relacionamento acabava e ele dizia que eu estava diferente, bem... eu não estava.

O que eu quero dizer para vocês com esses dois simples exemplos é que não importa quanto tempo a gente passe tentando ser outra pessoa, uma hora você pode até esquecer sua essência e realmente virar aquilo, mas enquanto isso não acontece você com certeza vai "escapar" diversas vezes, indicando algo que só você faria.

A primeira vez que fui completamente verdadeira com um cara do começo ao fim foi quando eu vi que alguma coisa estava errada se comparada aos relacionamentos passados. O fato é que eu encontrei alguém que gostava de mim exatamente pelo que eu era e todas as vezes que eu cometia uma loucura, e que faria todos os outros caras terminarem comigo, ele apenas sorria e dizia que era igualzinho a mim. Ficava perplexa com aquilo. Claro, tinha coisas dele que com certeza me influenciavam, como o fato de me vestir de forma mais despojada e com tênis. Não que eu nunca tivesse gostado de me vestir assim, pelo contrário, me vestia, mas era algo raro que passou a se tornar mais frequente. Ou como o fato de ser tão tranquilo com os problemas que evitava tantas dores de cabeça.

Vocês estão entendendo meu raciocínio?

É visível o fato de que por mais que desejemos com todas as forças do mundo mudar alguém, você não pode fazer isso. Essa mudança tem que, antes de tudo, partir da pessoa. O que podemos fazer é contribuir para a melhoria, porque influenciamos uns aos outros o tempo inteiro, e se você tem um modo de agir que encanta aquela pessoa, possivelmente ela vai querer ser um pouco daquela forma. Não por inveja ou todas essas coisas que as pessoas falam o tempo todo, mas porque talvez o seu jeito de tratar daquela situação possa ser realmente melhor do que a forma como ela tratava e que lhe dava muito mais dor de cabeça, sabe?

Acreditem: eu estou dizendo isso para que eu mesma decore e nunca mais esqueça... Lembrete: não mudamos ninguém, mas podemos contribuir.

SEG TER QUA QUI SEX SAB D

Este capítulo combina c
"Wonderful World",
de James Morrison

O futuro incerto

Eu sempre disse com todas as letras que a pessoa que mais pensava no futuro era eu. Acho que comecei pensando em como as coisas seriam desde muito nova. Com catorze anos eu já queria ter – e tinha! – uma vida planejada, observava minhas amigas amadurecendo aos poucos e conquistando seus primeiros namorados – eu também! –, mas a questão e necessidade de querer saber o que eu seria ou poderia ser lá na frente era bem maior.

Sempre que paro para pensar nessa época, eu fico refletindo comigo mesma se, com tantos pensamentos sobre o futuro, eu me esqueci de aproveitar o presente e a minha adolescência. Mas sei que não. Fiz todas as loucuras que uma adolescente pode fazer e mesmo assim conseguia ter tudo planejadinho nos mínimos detalhes. É claro que nesse meio-tempo algumas coisas foram acontecendo e tudo foi se moldando aos poucos, mas tinha algumas certezas que ninguém poderia mudar. Mas mudaram.

Quando eu tinha catorze, quase quinze anos eu já pensava demais no meu futuro. Nunca fui a mais popular da escola, muito menos a que era mais rodeada por amigos, então aprendi muito a pensar. Como assim? Sempre achei que tinha a cabeça bem mais à frente do que as minhas amigas porque eu sempre conseguia pensar além. Elas não tinham nem ideia do que queriam fazer lá na frente, do que queriam ser daqui a um tempo, do que estariam estudando, onde queriam estudar, e eu já tinha tudo esquematizado na minha cabeça. Tudo bem, com quinze anos você não tem muita noção de nada ainda, seus pais estão começando a lhe dar um pouco de liberdade para andar com as próprias pernas... Às vezes, paro para pensar mais uma vez, quando falo nesse assunto fico com medo de ter deixado de viver um pouco da minha idade, daquela fase, melhor dizendo, porque estava preocupada e focada demais com o que aconteceria nos meus dezoito anos.

Meu planejamento seria o seguinte: quando eu chegasse a essa idade, já teria terminado a escola, e eu iria estudar Jornalismo em São Paulo. Cidades dos sonhos, curso dos sonhos, ok. Naquela época eu não tinha muita noção de como isso seria, sabia que teria que me dedicar três vezes mais nos meus estudos para conseguir entrar em uma boa universidade. O que aconteceu? Simplesmente cheguei ao meu último ano da escola e minha vida estava uma bagunça (ou uma maravilha, não sei ao certo), porque eu perdi o meu caminho. O blog estava no auge, tive viagens maravilhosas, dias inesquecíveis, tanto bons como ruins. O ano passou, e graças a Deus finalmente iria me despedir daquelas amizades que não me acrescentavam em nada, que só me faziam mal e que estavam preocupadas em se mostrar melhores do que as outras ou falar mal da vida alheia – não que eu seja santa e nunca tenha feito nada errado na vida, óbvio que sim, mas era algo sem limites e surreal.

O ano de 2015 começou com tudo. Seria um ano de novos projetos, novas realizações, nova etapa. Novidades. Tudo novinho em folha. Pode ser o clichê que for, eu sempre vou acreditar demais em um novo ano e blá-blá-blá. Comecei a todo vapor e acabei me perdendo no meio do caminho mais uma vez. Passei três meses da minha vida um pouco desorientada. Festas, relacionamentos sem futuro, mas com o blog crescendo. Foram tempos de pura loucura. Pura! Em abril tive a oportunidade de ir para a SPFW e... que realização, viu? Uma semana inteira de pura alegria e um momento de total paz; era disso que eu precisava, fugir um pouco da minha rotina para saber o porquê e por onde eu comecei. No tempo que estive por lá conheci escritórios e prédios das editoras mais legais do país.

Nossa! Como eu amo aquela cidade! Como eu amo toda aquela agitação! Como eu amo São Paulo, respirar tudo o que eu mais gosto! Voltei para casa com o coração apertado, mas com a mente muito aberta sobre tudo o que queria a respeito do meu futuro. Eu tinha de focar em mim. No meu trabalho, na minha vida, no meu crescimento e só. Cansei das festinhas e dos relacionamentos sem futuro. Seria apenas tudo para mim daquele momento em diante.

Comecei a traçar novos caminhos e objetivos. Eu tinha que ir estudar em São Paulo, agora mais do que nunca. Foi quando eu comecei a ter a tão famosa "crise existencial". Quando eu notei que tinha chegado aos dezoito e vi que não estava fazendo nada daquilo que eu havia planejado nos meus catorze, quinze anos, entrei em desespero e quis fazer tudo correndo. Comecei a ver apartamentos, passagens, universidades, tudo! Esqueci dos meus pais, óbvio. Como eu ia me sustentar lá? Ok, tinha o dinheiro do blog, mas é algo que me ajudaria somente nas despesas mais básicas. Minha cabeça nunca funcionou tanto e tão rápido. Eu projetava e planejava tudo muito rápido. "Ah! Dessa forma não dá, vai, pensa em uma alternativa." Foi um dos meses mais turbulentos da minha vida – e de revolta também. Eu não queria aceitar que não ia ter condições para ir naquele momento. Eu sabia que nada ia ser fácil... Adaptar-me, fazer novas amizades, me virar sozinha, seria um milhão de novos momentos e de novas dificuldades que eu também já tinha "noção" de como ia ser difícil. Mas tudo bem, eu estava pronta, eu precisava disso. Eu precisava.

"Ah, Gabryella, deixa de bobagem, já que não deu certo ir faz aqui mesmo!" Não era bem assim. Pelo menos não para mim. Se for para fazer o curso que eu quero, mas em um lugar "péssimo", eu prefiro esperar mais um pouco. E o que eu faria até lá? Esse tempo e essa confusão me mostraram que preciso ter calma e saber que, se eu traçar uma meta e eu não conseguir cumpri-la em um determinado período, não tenho que parar, simplesmente travar e não saber o que fazer mais. Eu preciso continuar. Não deu certo agora? Continua! Vai traçando as metas que você chega lá.

Quem diria que eu, com meus quinze anos, toda resolvida sobre a minha vida, passaria por uma situação dessas?! Pois é. A vida surpreende e acho que isso é a melhor parte de tudo. Agora em 2016 comecei o curso de Jornalismo "naquela faculdade" e... o que será que o futuro me aguarda? Foco no curso e quem sabe daqui a quatro anos, quando eu estiver terminando, não posso ir fazer algumas graduações em SP?!

Apenas respire e continue.

SEG TER QUA QUI SEX SAB D

Este capítulo combina co
"You Only Live Once",
de The Strokes

Você só vive uma vez

Tempos atrás tatuei a sigla "YOLO" na minha mão direita. YOLO é uma música do The Strokes e significa "You Only Live Once", traduzindo: você só vive uma vez. Já fazia um tempo que estava com vontade de fazer outra tatuagem, milhões de opções, mas nenhuma parecia "certa" a se fazer no momento.

Desde que voltei da viagem que fiz para o Rio, voltei ou com a cabeça um pouco no lugar ou talvez fora demais. Tinha apenas um pensamento fixo: há apenas uma vida e eu preciso aproveitá-la da melhor forma possível. Desde então sinto que cada dia eu tenho vivido da forma certa, feito as escolhas certas e deixado para trás problemas que só se acumulavam e não me acrescentavam mais em nada. Vou explicar.

Para realinhar as coisas depois da crise existencial que tive não foi nada fácil; organizar os pensamentos, mais difícil ainda. Era aquilo e pronto. Ainda continuo fazendo aquele curso que não queria tanto. Estou levando na esperança de que daqui a dois anos eu esteja mais estável e possa finalmente estudar o que realmente quero em São Paulo. Sim, a sensação de que estou perdendo tempo é desesperadora. Mas calma. Ainda sou jovem. Respira.

Quando cheguei ao Rio conheci muitos estudantes que vinham de outras cidades, que dividiam apartamentos etc. Meu coração apertou muito! Por que eu não poderia ter tudo aquilo também? E foi quando comecei a absorver toda a energia daquela cidade e de todos que estavam por lá. Aprendi que o segredo da vida é ter calma e ser paciente. Aproveite cada segundo da sua vida e viva um dia de cada vez. Era isso! Viver um dia de cada vez.

Alguns falaram que voltei diferente. E voltei mesmo! Todas as minhas decisões dali por diante seriam baseadas em viver um dia de cada vez. Nada de absorver problemas, e sim evitá-los! Passei a organizar meus estudos e continuar, mesmo que aquilo não parecesse certo no momento, vou levando até finalmente poder tomar meu rumo. Ah, vai! O curso nem é tão ruim assim e, querendo ou não, é experiência a mais, né?

Quanto à família... Esse nunca foi um assunto delicado em minha vida, mas desde o meu "'problema" tempos atrás com relação a ir embora as coisas mudaram um pouco. Me afastei muito. Com isso, problemas surgiram. Discussões. A missão seria evitá-las. Simplesmente não discuto mais. E se eu discutir... Ah... Pode ter certeza de que fui tirada do sério de verdade, viu? Escutem, falem, mas não discutam. Fim.

Com relação às amizades, talvez eu tenha virado um pouco "trouxa". Por quê? Passei também a não absorver mais problemas. Não discuto e com isso perdoo tudo! Não vejo mais problema em cortar laços com quem não acrescenta nada em minha vida. Um dia de cada vez e sem sair do objetivo.

Com relação aos relacionamentos, sigo o mesmo pensamento, mas sem a parte do trouxa, viu?

O que eu quero dizer é que vocês não imaginam o tanto que minha vida melhorou quando eu passei a ter esse pensamento. Eu, com certeza, sou a pessoa que mais pensa no futuro, em tudo que pode ou não acontecer. E tudo tem que ser como planejado nos detalhes, viu? Que tola! Mal sabia que as coisas acontecem por acaso e que em um segundo tudo pode mudar de uma hora para outra. Quando você aprender isso, vai conseguir lidar com todas as situações que lhe acontecem. De forma mais leve, tranquila e, pelo menos na maioria delas, em paz.

Você só vive uma vez. Deixem de planejar tudo e apenas vivam.

Experiência própria.

Este capítulo combina co
"All Fall Down",
de One Republic

"É um dia ruim, não uma vida ruim"

Sempre que as coisas apertavam muito na minha vida eu fechava meus olhos e repetia essa frase sem parar. É algo que me acalma instantaneamente.

É impossível saber o tempo exato que as coisas vão apertar um pouco na sua vida, mas é possível e importante saber que uma hora isso vai acontecer. E é ainda mais importante saber que as coisas vão sempre melhorar.

Nem todos os dias são felizes. Nem todos os dias são bons.

Digo isso porque vez ou outra desabo de vez, assim como qualquer pessoa normal. Tantas e tantas vezes, trancada no meu quarto, deitada com meus fones de ouvido e pensando no quanto as coisas estavam ruins. No quanto eu queria desaparecer, fugir para longe, para aquela sensação ir embora o mais rápido possível.

Tem coisa pior do que sentir que o mundo inteiro está desabando em cima de você? Porque é simples: parece que quando uma coisa cai, o resto todo cai junto. Já cheguei ao fundo do poço diversas vezes e achei que nunca mais iria voltar. Sou o tipo de pessoa que gosta muito de ficar sozinha, apesar de amar uma boa companhia para compartilhar as coisas. Porém, sempre gosto de ter um momento só para mim, e é isso que muitas vezes me mata. Eu acabo pensando demais em tudo que acontece e quando as coisas estão ruins eu sinto como se tudo me sufocasse de vez e eu precisasse urgentemente respirar. Eu necessitava de uma saída e a sensação é de que eu já fui e voltei de todos os caminhos possíveis, só me restando o que eu mais pretendia desde o começo: ir embora.

Todo mês esse sentimento me "assombra": a vontade de ir embora nunca concretizada. E é engraçado que, no momento em que me vejo aterrorizada com o meu futuro, minha família parece ficar em cima de mim dez vezes mais, as novas amizades resolvem te machucar e os relacionamentos parecem dar mais errado do que nunca. É o que eu quero dizer com quando uma coisa cai o resto todo cai junto.

Passei um dia inteiro trancada em meu quarto. Estressada, agoniada, sufocada. Procurando novas alternativas para fazer as coisas melhorarem... E só pioraram. Desabo a chorar e dizer sem parar o quanto eu queria fugir. O quanto eu só precisava sair dali para respirar um pouco. Precisava respirar outros ares.

Tentei me distrair lendo e assistindo a séries, mas nada parecia adiantar. Conversando com a minha melhor amiga, a Alice, as coisas para ela também não estão nada boas. Desabamos a chorar e soluçar no telefone. O que havíamos feito para merecer isso tudo? Não era possível. Enquanto todos ao nosso redor pareciam ter a vida perfeita, ou pelo menos a mais tranquila possível, passávamos por situações que garotas na nossa idade não deveriam passar. Tudo aquilo era demais. A pressão sem fim da família, o garoto que resolve destruir tudo de vez e as amizades que... Puf! Não valem nada. As coisas só se acumulavam.

Tentamos nos acalmar. Respirar fundo. As coisas iriam melhorar. Essa tem que ser uma vida boa. Isso só serve de aprendizado. Ufa! Finalmente, hora de dormir. Foi só um dia ruim, amanhã as coisas estarão melhores.

Tenho sempre certeza disso.

Este capítulo combina co
"Silhouette",
de Aquilo

A sensação da vida pelo avesso

Já teve a sensação de que tudo à sua volta estava andando e por mais que você tentasse ir atrás e correr simplesmente não conseguia sair do lugar? Como se as coisas estivessem um pouquinho aos avessos?

Como, por exemplo, naquele projeto ao qual você se dedicou com todas as forças e, quando estava pertinho de conseguir o resultado, sua vida resolve virar de cabeça para baixo, e claro, todo o projeto também ficou aos avessos. Às vezes tenho tanto essa sensação em que sinto que não vou conseguir chegar nunca – ou pelo menos eu pensava assim.

Isso sempre acontecia quando eu preparava algo novo e incrível para minha vida, para meu futuro, e quando eu estava perto de chegar aonde queria, acontecia algo que me dava uma rasteira como se tivesse caído de todos os degraus que havia subido. O pior de tudo é ver aqueles que nem fizeram tanto esforço assim ou nem faziam tanta questão passando como que desfilando na sua frente. Isso é algo que sempre me entristeceu muito.

Demorei muito tempo para aprender que algumas rasteiras não podem nos derrubar nem se quiserem e que às vezes há males que vêm para o bem. Já ouviu a frase "E de repente a vida te vira pelo avesso e você descobre que o avesso é o seu lado certo"? Sempre achei a frase muito bonita e a postava diversas vezes no Twitter achando o máximo, mas nunca parei para pensar realmente o que era esse avesso – ou muito menos qual era o lado certo.

Perdi as contas do tanto de vezes que achei que tudo fosse desabar. Que achei que ia cair e que talvez nunca chegasse ao meu objetivo. Perdi as contas do quanto eu senti minha vida pelo avesso e que assim ela ia permanecer por um bom tempo, e permanecia, porque eu descobri apenas um tempo depois que era esse lado que eu deveria mostrar diariamente.

Sempre tive muito orgulho por cada passo porque sei que cada um deles foi dado com extremo sacrifício. Se tivesse sido tudo muito fácil eu não teria me tornado a pessoa que sou hoje. Mas, no momento em que estava percorrendo, nunca dei o devido valor à corrida, digamos assim. Uma vez disse a um amigo que todos me diziam o tempo inteiro o quanto eu era talentosa e o quanto era focada quando queria conquistar algo, mas que tinha a impressão de que ninguém nunca saberia disso porque todas as vezes que eu estava pertíssimo de alcançar o topo alguém puxava o meu pé ou criava uma barreira para atrapalhar.

Hoje eu sei que até o fim minha vida vai ser assim, da mesma forma como a sua, porque esse tipo de coisa acontece para testar nossa resistência e, bem... Você sabe que só os que persistem são os que conseguem o que almejam. Vejo muitos que me passaram pela frente desistirem na metade do caminho e se "acomodarem" apenas com aquilo que já têm.

Se tenho uma certeza é que nunca vou me acomodar com nada na vida; criar e me renovar a todo o momento é meu maior objetivo.

O importante é não abaixar a cabeça em nenhum momento, mas respirar e continuar sempre em frente, porque querendo ou não uma hora você sai do lugar, e saber encarar cada tropeço e cada rasteira como um aprendizado é uma das melhores coisas de todo o percurso. É importante aprender com erro após erro, porque assim quando outros surgirem você passará por eles sem sacrifícios.

Lembrem-se: coisas boas acontecem a todo o momento e o que seria da felicidade de conquistá-las se não o prazer de saber que você conseguiu superar toda e qualquer barreira?

Este capítulo combina com
"Say",
de John Mayer

Não dependa dos outros

Desde muito nova eu aprendi que depender dos outros nunca é o melhor caminho.

Detestava o fato de ter que esperar sempre alguém para realizar alguma tarefa. Isso sempre me incomodou muito. No caso, depender dos meus pais. Achava horrível ter que organizar meus horários dependendo deles e foi por isso que logo muito nova pensei em arrumar novas formas de me desprender um pouco disso. Detestava ter que pedir dinheiro para eles também. E, por muitas vezes, deixava de fazer ou pedir algo porque entendia a importância de economizar aqui e ali.

Sempre amei ler revistas adolescentes e normalmente em toda edição de férias tinha algumas páginas que falavam de formas para ganhar dinheiro: fazendo um bazar, cozinhando, criando um site... Hum! Criando um site?!

Quando comecei com o blog não tinha a mínima ideia de aonde ele poderia me levar, mas assim que aprendi foi a minha escapatória mais rápida. Eu tinha meus compromissos e precisava me virar sozinha ao longo do dia, afinal meus pais não poderiam estar vinte e quatro horas disponíveis para mim e, cá entre nós, não tinha quem sobrevivesse andando de táxi o dia inteiro todos os dias, né?

Então o único jeito era o quê? Isso mesmo, ônibus! Quando era mais nova, eu juro a vocês, amava. O tempo entre um local e outro era perfeito para pensar um pouco. O fato de poder chegar sozinha para resolver minhas coisas era ainda melhor. O fato de poder montar os meus horários e não depender de ninguém era perfeito. Claro, com o tempo eu fui vendo que, bem, andar de ônibus não era assim tão legal.

Um tempo depois, eu tinha meu próprio dinheiro, minhas próprias economias e já não dependia tanto assim dos meus pais. Poderia sair com as minhas amigas sem precisar pedir dinheiro a cada vez que fizesse isso, conseguia comprar uma bolsa nova e o melhor, administrava o meu dinheiro da forma que achasse melhor. Confesso que no começo eu praticamente recebia e gastava, mas hoje em dia entendo a importância de guardar sempre um pouco.

A sensação de liberdade era a melhor possível.

Acredito que por isso eu tenha visto logo cedo o quanto eu queria me mudar. O quanto eu queria estudar e morar sozinha em uma cidade que era bem maior do que a minha.

Assim que eu vi que poderia conseguir as coisas que eu quisesse sem precisar de ninguém além de mim mesma eu tive a sensação de que ninguém mais poderia me parar. Que por mais difícil que fosse o caminho, eu iria conseguir. Andar de ônibus não era nem um pouquinho fácil, mas eu via uma forma de tornar aquilo positivo. Eu não pensava no quanto aquele lugar era desconfortável e às vezes até um pouco seboso, eu pensava que me ajudaria a chegar aonde eu queria sem precisar depender de ninguém e que aquele tempo ali dentro me faria pensar cada vez mais em tudo o que eu queria daqui para frente. Claro, vez ou outra quando pegava um ônibus cheio eu xingava um pouco a vida, mas faz parte...

Eu sei que muita gente passa sufoco em casa porque depende dos pais e por muito tempo eu descontei isso neles, ficava com muita raiva sempre que queria ir para um lugar e eles realmente não tinham como me levar, mas a verdade é que ninguém pode estar à disposição do outro o dia inteiro ou a vida inteira. Você sabe que quando quer uma coisa faz por onde conseguir aquilo. Eu queria muito ser independente, não depender de ninguém para me locomover ou para pagar todos os meus desejos mais loucos. Não parecia justo.

Não adianta xingar e detestar tudo na vida porque uma pessoa não faz o que você quer. Existem outras formas... Sempre tem outro caminho, né? Com certeza é um pouco mais difícil e não tem o conforto de os seus pais passando a mão na sua cabeça, mas acreditem: se desprender disso o quanto antes é incrível.

Ainda dependo dos meus pais para muita coisa, tanta coisa que nem imagino, mas eu tenho a certeza de que o primeiro passo para não depender eu já dei e continuo andando devagarinho dia após dia, porque mais do que nunca eu tenho a certeza de que eu consigo e que tudo é sim possível.

Este capítulo combina c
"Opportunity",
de Pete Murray

Força do pensamento

Uma vez me disseram que tudo o que se pensa é o que se atrai para si. Se você pensar que as coisas nunca darão certo e que nada nunca vai melhorar, isso é tudo o que você vai atrair. Mas se pensar que vai dar certo, tudo eventualmente vai melhorar.

Parece até fácil e bobo de falar, né? Porém, não poderia ter isso como maior verdade na minha vida.

De vez em quando minha vida parece que vai desmoronar e é o bastante para eu pensar "Pronto, nada mais vai dar certo". Porque UMA coisa deu errado eu já começo a pensar que nada mais vai dar certo. Isso é normal demais, acredito que seja da nossa essência pensar assim.

Sempre que ia comentar sobre o que estava acontecendo com a Alice, que parece viver os mesmos momentos que eu exatamente no mesmo tempo, xingávamos todas as coisas possíveis e desejávamos rapidamente fugir daquilo. Mas sempre chegava a hora em que respirávamos fundo e repetíamos: "Vamos nos acalmar que vai dar tudo certo. Foco". E não é que realmente nos acalmávamos e tudo ficava mais tranquilo também?

E acho que isso está um pouco ligado a algo que sempre falo: energia, você deve transmitir exatamente o que quer receber de volta.

Talvez o motivo de certas coisas parecerem tão erradas na sua vida seja porque você acaba acreditando firmemente que o que é bom não vai acontecer; mas se você pensar que tudo ficará bem, isso vai acontecer. Eu não digo que isso vai acontecer num passe de mágica nem que você vai receber uma ligação que vai melhorar sua vida 100%. Eu digo que quando você pensa que as coisas vão dar certo, você não desiste e pensa em novas alternativas a todo o momento.

Eu sonho muito. E sonho muito alto. Quando eu quero uma coisa não tem quem me faça querer o contrário. Juntando essas duas coisas vocês já devem imaginar o resultado, né?

Quando completei dezoito anos e comecei a fazer autoescola já dizia que queria meu carro. Claro. Porém entre o querer e o ter existe um grande espaço. Óbvio. O fato é que eu não queria apenas um carro, eu queria escolher o modelo e, bem... Não era um carro barato. Mas não era nada exorbitante também. Mas eu cismei que queria esse carro e não sosseguei até o dia que tive.

Eu não tinha a mínima ideia de como teria aquele carro, mas sabia que no fim conseguiria. Eu confiava firmemente nisso.

Sabe o que fiz? Comecei a pensar em ideias e estratégias para ter o tal carro, visto que meus pais não teriam condições no momento para comprá-lo assim, de uma hora para outra. Até que em um belo dia, sozinha, fui à concessionária destinada a fazer todo o orçamento e aí me veio a ideia de usar o que eu já tinha – o blog – a meu favor. Sugeri algumas parcerias e eles amaram! Porém, claro, eu não ganhei o carro, né? Mas a partir disso comecei a juntar dinheiro e pensar em novas formas de convencer meus pais de que daria certo.

O que quero dizer com esse pequeno exemplo é que eu acreditava mais do que tudo que eu ia ganhar esse carro. Eu sonhava dia e noite com ele e não tinha ninguém que me convencesse do contrário. Hoje em dia eu vejo que se tivesse o pensamento negativo, eu poderia até sonhar com aquilo, mas nunca poderia ter, porque existe isso, aquilo e tantas outras coisas que me impediriam de conseguir.

Você pode até dizer "Ah, Gaby, mas você conseguiu porque tinha influência do blog". Mesmo assim, foi um ponto bem forte ao meu favor, e eu nunca iria imaginar que uma empresa tão grande ia topar minha ideia meio louca, e se eu não acreditasse que isso ia acontecer eu não teria nem pisado lá.

O fato é que se você pensa de forma positiva é bem mais fácil conseguir soluções para o seu problema, mas se você pensa de forma negativa não vai sair do lugar tão cedo.

Por isso... Sua vida está ruim agora? Vez ou outra ela vai ficar assim mesmo para fazer você desandar um pouco e voltar ao equilíbrio.

Mas olha só... Respira, pensa nas coisas que podem dar certo e continua! Sempre!

SEG TER QUA QUI SEX SAB DOM

Este capítulo combina com
"Life In Color",
de One Republic

Sobre a saudade

Sempre existem dias pelos quais você daria tudo para poder voltar e revivê-los cada segundo. Eu tenho uma coletânea deles e vez ou outra permito que a saudade aperte um pouquinho; em alguns casos até sufocar muito.

Meus melhores momentos foram viajando ou em shows, sejam eles aproveitando com a família ou com os amigos. Como eu amo essas horas que tiro para mim! Nunca viajei muito mundo afora, mas os lugares que conheci do Brasil fazem parte de uma coletânea perfeita de momentos inesquecíveis. Sempre que me permito olhar fotos ou vídeos não consigo controlar o sorriso que surge no meu rosto – nem a dorzinha da saudade apertando junto ao desejo de voltar.

Na escola eu tinha uma amiga que toda segunda-feira chegava com novidades de como havia sido seu final de semana, sempre com histórias muito engraçadas e divertidas ao lado de outros amigos, sempre com vídeos de tudo. Eu adorava como seu celular era repleto de momentos hilários e inesquecíveis. Não poderia deixar de notar suas reações sempre que ela mostrava um vídeo diferente – os novos e principalmente os mais antigos. Aquele sorrisinho de canto junto a uma vontade de fechar os olhos e voltar para aquele momento dezenas de vezes. Que sensação!

Hoje em dia não somos mais próximas, mas é inevitável me lembrar dela sempre que tenho um momento muito especial e o registro com milhões de vídeos – inclusive vários dos meus amigos me matam por eu fazer isso e, segundo eles, "não aproveitar a ocasião", mas a minha sorte é que eu consigo curtir o que está acontecendo e ainda gravar um pedacinho daquele momento para uma saudade futura.

Recentemente estava assistindo a um show do Martin Garrix, um DJ e remixer holandês, de quem gosto muito. Em dezembro do ano passado ele fez um show em Recife – próximo de onde moro – e lógico que assim que soube fiz de tudo para ir. Foi um dos momentos mais inesquecíveis da minha vida. Vários amigos meus foram e sabiam o quanto estava empolgada com esse show. Quando ele entrou no palco subi em cima de uma mesa e... UOW! Surreal! Meus olhos brilhavam de tanta felicidade, o sorriso era incontrolável e a vontade de gritar e pular era sem fim. Pode parecer grande bobagem para alguns, mas eu estava feliz por diversos motivos: aquele era o lugar perfeito para continuar ainda mais feliz e só desejar agradecer. Eu cantava todas as músicas, gritava a todo o momento e, claro, filmava tudo!

Assistindo ao show meu coração apertava rapidamente... Caramba! Que saudade da felicidade que eu senti nesse dia. Fui assistir aos vídeos do meu celular e como eu daria tudo para que aquele momento voltasse. Momentos como esses, às vezes, são tão raros que é impossível não sentir o desejo de permanecer neles um tempinho mais.

Com certeza uma das melhores sensações é você escutar uma música e conseguir lembrar um momento, e o melhor de tudo é guardar com ele o sorriso mais bonito que você tem. Aquele sorriso do quanto as coisas são puras e únicas. Aquele sorriso por ter tido a oportunidade de viver aquilo e de poder guardar tal lembrança.

Saudade muitas vezes aperta e machuca muito. Às vezes ela é insaciável e tantas vezes você transborda de chorar. Mas acredite, essa é uma das sensações mais bonitas que você pode se permitir sentir. Já ouviu a frase "Saudade é o preço que se paga por viver momentos inesquecíveis"? Pois é. A cada momento que eu vivo e sinto isso em mim tenho a sensação do quanto aquilo valeu a pena, seja apenas por um momento de felicidade ou por algo que no futuro me tornou alguém melhor, como a saudade de um ex-namorado que te machucou apesar de você amá-lo. Lá na frente você vai descobrir o quanto aquilo te fez amadurecer e te abriu a porta para novas e melhores oportunidades.

Permita-se sentir saudade de várias coisas na sua vida; são esses momentos que ficarão gravados na sua alma. Esse é o sentimento mais puro e honesto que alguém pode sentir. Digo isso porque, a cada instante em que o experimento, junto dele vem um sentimento ainda mais incrível chamado gratidão.

E eu sou grata.

SEG TER QUA QUI SEX SAB D

Este capítulo combina com **"Hands To Myself"**, de Selena Gomez

Expectativa vs. realidade

Eu tenho uma imaginação bem fértil... Até demais.

Todas as vezes que algo acontece na minha vida começo a pensar em tudo o que pode acontecer a partir daquilo, coisas boas e ruins. Vocês não têm ideia de como o meu pensamento se perde, do quanto eu sou capaz de criar, mas, claro, sempre guardei tudo para mim. Porém, querendo ou não eu acabava criando enormes esperanças de coisas que provavelmente não iriam acontecer ou então enormes decepções do que também não aconteceria. Minha imaginação sempre me ferrou muito!

Uma vez eu conheci uma menina, a Bárbara, e ela me dizia repetidas vezes que a melhor coisa a fazer é simplesmente não pensar muito e deixar que tudo aconteça por si só, porque se for bom, ok, se for ruim, tudo bem também. A verdade é que, querendo ou não, todo o seu pensamento acaba botando um pouquinho a mais de pressão em algo que aparentemente seria classificado como "nada de mais". Eu ficava pensando tantas vezes "PUF! Que tola.

Como é possível alguém não pensar? Isso não existe! Tudo bobagem", claro, pensava, mas não falava.

Sempre que eu ia ter uma grande noite ou um grande dia eu começava a imaginar cada detalhe do que iria acontecer. Até aí normal, né? Claro, comum demais ficar pensando esse tipo de coisa. Porém, comecei a pensar até nas falas que poderiam ser ditas. Ah, isso deve ser porque sempre gostei muito de escrever e criar histórias e isso sempre me pareceu interessante e divertido. É. Deve ser. O problema começou a surgir quando comecei a imaginar tanto que uma coisa ia acontecer em seus mínimos detalhes que, quando não acontecia da maneira como eu queria, acabava ficando totalmente frustrada ao ponto de chegar a uma grande tristeza.

Resumindo: eu não sabia mais qual era a diferença entre expectativa e realidade.

E isso se tornava cada vez mais constante. Um exemplo? Uma vez fiz uma grande surpresa para um cara, comprei presente e tudo o mais, coloquei várias pistas do que estava por vir no quarto dele... Enfim, foi algo aparentemente "enorme" que eu estava muito feliz em fazer. Na minha cabeça eu já sabia a reação dele ao ver aquilo, as mensagens que me mandaria e, claro, seu comportamento logo depois quando nos encontrássemos. Eu juro a vocês que nem a felicidade que eu imaginei que ele sentiria naquele momento existiu. PUF!

O que me fez notar que alguma coisa estava errada foi quando eu cheguei no "meu máximo". Sério. Essa história vocês precisam saber.

Certo dia fui me despedir do cara de quem eu gostava, já fazia meses que estávamos juntos e, apesar de sabermos desde o começo que esse momento iria chegar, ninguém estava preparado, né? Planejamos – ok, eu planejei – o dia perfeito para passarmos juntos, nossos últimos momentos por um tempo. Eu pensei tantas coisas e em como tudo aquilo seria perfeito, que hoje em dia sinto um misto de vergonha e graça ao pensar. O dia, apesar de teoricamente "triste", seria totalmente agradável e divertido. Resultado? Foi, de longe, o pior dia da minha vida. Juro!

Foi a pior despedida de todas, mas o pior foi o fato de eu ter ficado realmente brava com tudo.

Eu fiquei com muita raiva do quanto aquele dia tinha sido ruim e comecei a pôr toda a culpa no garoto, o que piorou tudo ainda mais.

Depois disso eu prometi a mim mesma que por mais que estivesse animada e agitada por uma coisa eu não ia mais imaginar como ela seria. Eu apenas deixo tudo fluir como deve ser e já evitei tanta coisa, viu? A verdade é que você nunca pode saber o que está por vir, e se preocupar ou se apavorar com isso é tolice. Viva um dia de cada vez, um momento de cada vez. Cada coisa como ela tem de ser. Sem decepções e sem culpa!

Ah... Se eu tivesse escutado a Bárbara naquela época!

Este capítulo combina com
"Wherever I Go",
de One Republic

Sobre os amores que você deixou para trás

Já parou para pensar nos caras que eventualmente você deixou para trás? E eu não estou falando daquele "ex-ficante" ou muito menos ex-namorado, mas sim daquele que tentava chamar sua atenção de diversas formas e você nunca deu a mínima chance. Porém, quando em um belo dia ele aparece namorando você pensa: "Como assim nunca dei uma chance para esse menino?".

Minha amiga Alice vez ou outra – ou sempre! – tem alguns ataques com essas histórias, e as achava hilárias. Até o dia em que aconteceu o mesmo comigo.

De vez em quando a Alice chegava contando que o "Fulano" estava puxando assunto com ela, que ele era um gato, mas que se não fossem certas coisas ele seria perfeito. E, ah! Detalhe importante: "Ele era o tipo perfeito de namorado". Palavras dela, viu? Ela ainda chegava a sair algumas vezes com ele, mas nem dava tanta atenção assim.

Depois de algum tempo do cara indo atrás, por fim desistiu.

Alguns meses depois eis que surge a Alice dizendo: "Você viu que o Fulano está namorando? Ele é tão fofo com ela! Por que eu desperdicei?". E quase todas as vezes que ela via uma foto dele com a menina esse mesmo pensamento passava repetidas vezes na sua cabeça. Chegava a ser hilário, afinal a resposta era mais do que óbvia! Ela simplesmente ignorou o Fulano várias e várias vezes, e não era porque ele era um pé no saco, na verdade eles tinham mais em comum do que se pensa.

E apesar de ela ser uma das minhas melhores amigas eu não conseguia entender nem um pouquinho o que se passava na sua cabeça. Como poderia se arrepender de algo que nem queria tanto assim? Isso existe?

Bem... Eu digo a vocês que sim, mas isso depois que passei por uma situação igualzinha, e no dia que contei o que aconteceu para a Alice, demos uma imensa gargalhada.

A sensação é mais ou menos assim: parece que você sente que poderia ter tido uma vida quase dos sonhos com aquele cara – já que ele demonstrava isso com a namorada –, e aí você começa a repassar tudo diversas vezes na sua cabeça e pensar em como aquilo poderia ter sido bom. E é por isso que surge o arrependimento. É como se você se prendesse a algo que poderia ter sido, mas não foi, mas poderia ter sido e isso dói um pouquinho. É como se você tivesse tomado o caminho errado e por causa disso sua vida estava tão desastrosa quanto deveria estar.

Talvez esse arrependimento surja pelo medo de não encontrarmos alguém exatamente igual, ou melhor. O fato é que nossos pensamentos nos aterrorizam. "E se eu me arrepender dessa decisão?", "E se eu ficar infeliz de verdade?" e a mais pavorosa de todas, "E se a chance de amar alguém tenha passado para sempre?".

Como podemos fugir desses pensamentos? Para começar, eu penso que ao olharmos para trás podemos encontrar não apenas um amor que deixamos para trás, mas talvez um velho amigo com os braços abertos, ou simplesmente alguém pronto para lhe dar outra chance, sabe?

Ter bons olhos é o primeiro passo para afastar qualquer pensamento ruim.

Sempre me disseram que arrependimento era um dos piores sentimentos para guardar; a mágoa de não ter feito algo corrói nosso coração, mas não devemos nunca pensar assim. Se arrepender pelo que não foi é bobagem e é importante ter a certeza de que você não deixou uma oportunidade para trás, mas sim abriu portas para novas coisas e claro... Para aprendermos a não repetir.

Por fim, melhor é se arrepender por algo que não fez ou por ter feito?

Ah! E fala sério! A gente nem estava tão arrependida assim, era só um pensamento que vez ou outra passava pelas nossas cabeças e nos rendia boas risadas.

Este capítulo combina com
"Trouble",
de Cage The Elephant

Não leve (todos) os seus problemas para os outros

Definitivamente isso foi o que mais demorei a aprender e vez ou outra ainda escorrego.

Às vezes acontecem tantos problemas na nossa vida e é sempre bom e importante conversarmos com alguém para desabafar um pouco e ouvir um conselho amigo. Porém, com quem? Com um melhor amigo talvez, alguém em que você confie de olhos fechados.

O problema que surge é que às vezes acabamos confiando em pessoas demais e vamos contando para um monte de gente o que está acontecendo. Talvez você confie em todas essas pessoas, mas a questão é que às vezes nem todos estão "dispostos" a escutar o que estamos passando.

Uma vez eu conheci um cara e, nossa, sério, mais do que tudo ele era o meu melhor amigo. Eu o conheci numa época meio tumultuada da minha vida, quando aconteceu tudo aquilo com os meus pais. Teve um dia, logo no comecinho mesmo, quando eu mal tinha "intimidade" com o cara, que eu estava tão estressada que acabei desabafando com ele sobre tudo. Passei horas e horas contando tudo o que estava acontecendo e ele, a todo o momento, me respondia, dando sua opinião e dicas que me ajudariam sem dúvidas, afinal ele já havia passado pelo mesmo com seus pais.

O que aconteceu foi que eu simplesmente me "acostumei" com isso e sempre que surgia um novo problema, corria e contava para ele, que, sempre muito atencioso, me ajudava. Até que chegou ao ponto de só eu falar, e querendo ou não, acabava levando todo o peso daquela confusão para o nosso relacionamento. Isso era fato.

No dia em que eu falei mais uma vez sobre aquilo, ele simplesmente disse que não sabia o que dizer e foi quando eu fiquei pensando: "Ops... Tem alguma coisa errada". Naquele momento não passou pela minha cabeça que o real motivo de sempre despejar sobre ele grandes problemas era a esperança de que seus conselhos me socorressem. Quando conversamos sobre o que estava acontecendo ele me disse uma coisa que nunca vou esquecer: "Eu sei que as coisas estão um pouco complicadas na sua vida e você sabe que sempre que precisar lhe ajudarei, mas talvez você não note a frequência que isso está tendo e, querendo ou não, estraga um pouco as coisas. Eu também tenho alguns problemas, você sabe, mas é justamente quando eu estou com você que eu os deixo ir um pouco embora".

É. Eu também fiquei de boca aberta com isso. Mas depois comecei a pensar muito sobre. Eu sei que às vezes você quer sair para conversar com uma amiga sobre o que está acontecendo e isso é importante, como eu já disse, porém mais do que tudo aproveite esse momento para se distrair um pouco e lembrar que, por mais que a vida seja dura, tudo sempre se resolve e volta para o seu lugar.

Em alguns casos, a pessoa para quem você está contando aquilo já está com tantos problemas também que mais problemas não ajudam ninguém. Tem os típicos casos também daquele tipo de pessoa em quem às vezes você confia de olhos fechados, mas que está ali amando tudo o que você está passando. Nem todo mundo fica triste por você estar triste.

Acho que equilíbrio é a palavra que define tudo. Saber dosar cada coisa na vida é fundamental. Por isso, tenham cuidado também, você pode até afastar alguém de quem gosta pelo fato de repetir a mesma coisa milhões de vezes. Por mais que a pessoa entenda que é difícil o que você está passando, acaba se tornando muito chato conviver com alguém que – apesar de não ser assim – só fala de problemas o tempo todo – que é o que você demonstra.

Nunca se esqueça: nenhum problema dura sempre e só falar disso não vai fazer com que ele suma.

Este capítulo combina com **"Wild Things"**, de Alessia Care

Energia

Eu sempre fui o tipo de pessoa que absorve muito tudo do que acontece ao meu redor, a "energia", digamos assim. Considero isso um grande defeito porque é o tipo de coisa que, quando tudo está "ok" é uma maravilha, mas quando está tudo ruim, bem... Às vezes fica ainda pior.

Nunca fui de acreditar nisso de "energia" e tudo o mais, mas às vezes parece impossível não crer, porque é incrível como quando uma pessoa chega triste perto de você, desabafa o mundo inteiro e logo depois seu "astral" começa a baixar também. Já sentiu isso? É horrível!

Claro, é totalmente diferente quando alguém conversa com você sobre algo que está acontecendo e lhe pede um conselho, isso é totalmente normal. Porém, em alguns casos a pessoa está tão mal que aquilo tudo começa a passar para você e parece que até suas coisas começam a dar errado também.

Uma vez eu estava em um show com vários amigos e de repente um dos casais que estavam comigo começou a discutir. Discussão feia mesmo... e como a grande maioria do grupo estava curtindo o show me propus a ajudá-los e entender o que estava acontecendo. Foram horas conversando com ambos – quase uma psicóloga –, tentando entender o lado de ambos e pensando em como ajudaria a resolver. Sempre fui a que amava dar conselhos, aquela velha história de que para dar conselhos sou perfeita, mas para usá-los na minha vida... Bem... Continuando, aparentemente aquela seria uma noite para nos divertirmos e curtirmos o máximo, e em grande parte realmente foi, mas quando o show terminou parecia que tinha um peso nos meus ombros.

Já era de manhã e caminhando em direção ao carro liguei para o cara com quem eu estava ficando dizendo que estava saindo da festa naquela hora. Lembro que ele me chamou para ir à casa dele, o que eu saberia que me deixaria mais calma, mas alguns minutos depois ele mandou mensagem dizendo que não iria dar certo e que mais tarde a gente se encontrava. Ok. Alguma coisa parecia errada, mas eu sentia que era porque ainda estava com toda aquela história da briga na minha cabeça. Como eu precisava deitar e descansar...

Quando eu acordei mais tarde naquele dia, estava com muita dor de cabeça e, para completar, o cara havia sumido. Ihh...! Acreditem, ainda estava tão estressada com a briga dos meus dois amigos que foi o bastante para começar um breve bate-boca também. E eu juro a vocês que não sou nem um pouquinho fácil ao começar uma discussão. Resumindo: foi um estresse sem fim.

Como era simplesmente possível aquela confusão toda? Ficava pensando e tentando entender, mas parecia impossível, a única explicação plausível seria que eu tinha absorvido o estresse dos dois mais cedo naquele dia.

É... Parecia ser exatamente isso.

Já parou para notar que quando alguém sorri para você no meio da rua você fica ainda mais feliz e com vontade de sorrir de volta?

Depois dessa história cheguei à conclusão do quanto a emoção e o estresse de certas pessoas que estão ao nosso redor contam. Então passei a querer ser melhor a cada dia não só para mim, mas também para as pessoas que convivem comigo diariamente. É claro, nem todo dia é bom, mas sempre tem algo bom todo dia, né? Isso é fato!

E é tão simples viver a vida, viver o amor, a paz e a felicidade que vez ou outra a gente simplesmente esquece isso.

Este capítulo combina com **"Marchin On"**, de One Republic

Pessoas que te colocam para baixo

Parece meio amplo falar assim, mas acreditem: essas pessoas estão mais próximas do que você imagina e estão apenas observando quando é o momento em que você vai conquistar algo para, intencionalmente ou não, acabar te deixando para baixo.

Ao longo de toda a nossa vida vamos conhecer esse tipo de pessoas. Algumas, com toda certeza, maldosas o suficiente para tentarem acabar com o seu sucesso ou alegria; outras apenas machucadas demais pelas situações da vida e simplesmente pararam de acreditar, e então acabam te passando toda essa frustração.

Com o primeiro tipo tenho que lidar diariamente: comentários nas minhas redes sociais, aqueles que todo mundo conhece. Os que preferem falar mal ao distribuir um elogio, e eu já fui muito insegura com esse tipo de pessoa. A cada comentário ríspido eu ficava triste, e só depois de várias sessões de terapia que aprendi a lidar com isso. É o preço que se paga por ter uma vida exposta. Simples assim.

Com o segundo tipo fico impressionada quando noto que aconteceu com uma pessoa tão próxima a mim e ainda mais impressionada por eu não ter notado isso por tanto tempo.

Era uma típica segunda-feira para alguns, mas para mim era o dia mais radiante de todos. Eu estava andando muito triste e então recebi uma noticia em que já havia deixado de acreditar. Eu não poderia estar mais feliz. Eu ria sozinha com a boca aberta de ponta a ponta; parecia não se fechar em nenhum momento. Mas depois de uma conversa de poucos segundos essa euforia desapareceu.

Quando fui falar para a Jess, uma das minhas melhores amigas, que estava um pouco para baixo depois que havia conversado com aquele "amigo", ela me falou que não era a primeira vez que eu ficava assim depois que falava com ele e foi quando parei para pensar... De fato, realmente não era a primeira vez.

No momento em que falei para ele sobre o que estava acontecendo na minha vida e que eu estava muito feliz e grata por aquilo, ele me parabenizou e deu um sorrisinho daqueles de canto de quem não ficou lá tão feliz assim. Mas eu estava feliz demais para levar isso em consideração. Foi aí que ele começou a falar experiências de vida e leituras de livros dos mais diversos filósofos; enfim, ele basicamente falou tudo de negativo que poderia existir e na hora foi como se eu tivesse "murchado".

Na hora ainda retruquei e dei minha opinião totalmente positiva de que as coisas dariam certo porque eu acreditava que tudo era possível sim, mas depois que fiquei sozinha comecei a ficar muito triste e ver que talvez tudo aquilo que ele falou fosse verdade mesmo.

Eu sabia que ele não tinha falado tudo aquilo propositalmente, como eu o conheço há muito tempo sei o quanto ele é danificado pelas situações que já passou.

Ah, mas fala sério! Quem não é?!

Todo mundo é um pouquinho "rachado" aqui e ali. Por isso, não aceito que alguém seja capaz de fazer isso. Não acredito que se alguém gosta mesmo de você não tenha a capacidade de celebrar junto, por mais que a pessoa não acredite naquilo.

Não permita que ninguém seja capaz de tirar sua felicidade. É simples assim!

Distribua amor, e não seu pessimismo.

Lembre-se: quem é feliz faz os outros felizes

Este capítulo combina com
"Let It All Go",
de Birdy

Sobre o passado

Se você olhar um pouquinho para trás, o que você tem a dizer sobre o seu passado? Você tem se orgulhado de tudo que tem vivido? As coisas que lhe fizeram mal... Você realmente as deixou para trás? Você desejaria reescrever o que aconteceu? O que é o passado para você? Você tem vontade de revivê-lo?

Às vezes fico pensando no meu passado e vejo pelo tanto de coisas já passei, vivi, e no quanto as coisas, aparentemente, passaram rápido. Como em tantas vezes achei que tudo fosse desabar naquele momento e também nas tantas vezes em que desejei que a vida parasse ali mesmo. Acredito que tanto os momentos bons quanto os ruins acontecem na mesma proporção, o que acontece é que, bem, os ruins normalmente nos "abalam" mais, fazendo-nos imaginar que estes acontecem com mais frequência.

Em algum texto por aqui eu já contei a vocês que eu pensava muito no futuro, mas eu sei que não conseguiria pensar nele sem antes rever tudo o que passei lá atrás. Nos erros cometidos e que sei que não posso repetir. Na chance que posso ter lá na frente para fazer certo dessa vez. Se você me perguntar se eu desejo mudar o meu passado eu posso até dizer que sim, mas sei que as novas experiências são o que me chamam mais atenção.

Todos têm experiências diferentes e com certeza para aproveitar a glória de alguns momentos tivemos que antes passar por um suposto "inferno". E, bem, alguns momentos de glória não valem a pena se for para reviver o sufoco também. Digo isso porque já conquistei muitas coisas, algumas que eu nem imaginava que queria tanto assim, e hoje sei a diferença que causaram, mas para chegar até essas conquistas só eu sei pelo que tive que passar, pelas vezes em que fiquei com as pernas bambas de tanto tentar e do medo de errar mais uma vez.

Outros momentos com certeza desejaria viver mais uma vez; aquele dia em que fiquei tão feliz que parecia que minhas bochechas iam rasgar; aquele dia em que a vida parecia ser feita para ser vivida cada segundo; aquele dia em que alguém fez com que me sentisse única; aquele dia em que me faltavam suspiros de agradecimento. Ah, nesses momentos sim eu desejaria parar por uns dias e ficar até, quem sabe, enjoar.

Hoje em dia olho para o meu passado e tenho vontade de sorrir e até de agradecer um pouquinho. Digo isso porque sei que cada experiência foi extremamente válida. Porque sei que o "inferno" pode ter parecido meio quente demais, mas ele me fez valorizar cada detalhe quando a temperatura baixou um pouco. Porque sei que, apesar de toda dor, nada dura para sempre, né? Porque os momentos bons só se tornaram tão bons assim por causa do que aconteceu antes.

Não se desespere se as coisas, naquela hora, não parecem nada com o que você vem sonhando há tempos: é importante lembrar que esses momentos estão te construindo dia após dia para te tornar até alguém maior do que você jamais conseguiu imaginar. Não se preocupe, não, já, já as coisas melhoram e já, já o presente vira passado. E passado é só para a gente se lembrar vez ou outra e ter força para conquistar sempre mais, mas nunca voltar a ele. O passado foi o seu ponto de partida para o futuro e sempre será assim. É tão bom podermos nos orgulhar das coisas que vivemos, né? Ruim mesmo é lembrar-se do passado como aquela época em que você desistiu e que não suportou mais.

Eu sei que eventualmente as pernas vão ficar bambas e o caminho vai se fechando cada vez mais, mas acredite, ele se abrirá devagarinho a cada nova conquista sua. Seja isso para qualquer meta da sua vida, um trabalho, um relacionamento ou uma amizade. A regra é a mesma.

Se você me perguntar se eu desejaria reviver meu passado, eu poderia até dizer que sim, mas aí eu lembro que algumas coisas tiveram que ficar para trás para que outras pudessem caminhar. Não deixem que nada seja "pedra" no seu caminho. Algumas coisas realmente devem ser jogadas para trás, mas não para mostrar que você pode fazer isso, e sim que, apesar de tudo, você consegue!

E deixar as coisas para trás não significa nunca mais ter que olhar para aquilo, mas sim ter que olhar sempre que você pensar que vai cair para assim pegar impulso e tentar mais uma vez. Lembre-se por que você começou, por que está ali.

Ah, passado, eu até que aprendi a gostar de você um pouquinho, mas meu amor mesmo é pelo futuro e pelas possibilidades de experimentar coisas novas.

E que venham as próximas novidades!

Este capítulo combina com
"The Only Exception",
de Paramore

Tudo acontece por uma razão

Logo depois que escrevi sobre estar solteira e da exceção de ter um relacionamento com alguém que você conheceu na balada, eu não poderia nem imaginar que eu poderia chegar a ser essa exceção.

Continuando, vamos começar pelo fato de que nunca fui exceção de nada na minha vida, ou posso até ter sido, mas até onde eu sei não me lembro desse fato "histórico" da minha vida.

Já fazia um tempo em que eu não saía com as minhas amigas para uma festinha e eu definitivamente estava precisando e sentindo falta disso. No sábado iria ter a festa perfeita... Ótimo! Uma noite só de amigas para se divertir. Lembro que quando estava me arrumando com a Jess até brinquei com ela dizendo que queria passar batom vermelho para não correr o risco de acabar ficando com algum cara. Apenas queria dançar, me divertir e... Nada de homens!

Antes de contar o final da noite, preciso voltar um pouco a falar sobre uma situação que aconteceu antes da festa.

A Jess havia pedido para eu postar um vídeo no seu Instagram porque sua internet estava ruim e ela não conseguia publicar. Ok. Como eu e ela postamos o mesmo vídeo, exatamente na mesma hora, eu simplesmente esqueci que ainda continuava na conta dela e fiquei olhando as curtidas do vídeo e... Ops! Que gato! Cliquei no perfil e vi que ele a seguia, fiquei meio sem entender como nunca havia visto, mas continuei a olhar e analisar as fotos – quem nunca, né? Foi só quando eu vi que já tinha curtido algumas fotos que me toquei de que aquele não era o meu perfil, mas o da Jess.

Comecei a rir. Comentei com ela depois e ela até me falou algumas coisas do cara.

Vocês já devem imaginar quem eu encontrei na festa, né?

Na hora eu fiquei rindo muito e pensando: "Que coincidência surreal!". Coincidência mesmo foi o cara passar a festa inteira na mesma parte da boate que eu porque aparentemente seus melhores amigos também eram meus conhecidos.

O fato de nunca tê-lo visto na vida era porque ele não era da minha cidade, claro, euzinha aqui tinha que gostar de mais um cara que não era da minha cidade. Típico! Porém, para a minha sorte ele havia se mudado havia pouquíssimo tempo.

Ele conseguia ser ainda mais lindo do que nas fotos das redes sociais. Eu parecia uma tola rindo daquele episódio, mas continuei na minha a festa inteira. Puf! Sabe quando a pessoa nem se ilude? Então...

Um tempo depois está o cara na minha frente dançando. Eu juro, juradinho, que não consegui segurar o riso. Quando ele virou e perguntou meu nome fiquei pensando: "Ok, podem parar com a pegadinha".

O resultado não é muito difícil de imaginar, né? Foi a noite perfeita! O cara era um fofo, e passamos a festa inteira juntos, conversando, dançando e tudo o mais. Porém, como disse, seria o típico caso de que não rolaria mais nada do que aquilo e ele até poderia chegar a pegar meu número, mas eu tinha certeza de que seria igual aos filmes em que a menina fica esperando um sinal de vida que o cara provavelmente não vai dar.

Para minha surpresa o cara tira o celular do bolso e pergunta como é o meu Instagram. Ok. Um tempo depois ele tira de novo o aparelho e pede meu número. Automaticamente já pensei nessa história do filme e ri, mas dei. E então a surpresa... Na mesma hora o cara me mandou uma mensagem. Hum, ok. Pegadinhas?

Essa era a típica coisa que eu achava improvável acontecer comigo. Depois de um tempo contei a ele sobre a história da festa, o quanto aquilo tudo tinha sido muita coincidência, e eis que o cara solta a seguinte frase: "Tudo acontece por uma razão, nada é uma simples coincidência". Ah, fala sério! Eu que nunca tinha sido exceção de nada e que sempre duvidei de casos de balada estava ali tendo essa experiência. Vez ou outra me pego rindo e repetindo... Quem diria, hein?

Agora quase sempre fico pensando nas exceções e sobre como tudo o que acontece na nossa vida diariamente tem uma razão. Eu ainda não sei por qual razão esse cara entrou na minha vida, mas se foi para mostrar que vez ou outra a gente pode sim acreditar naquele 1% de chance de dar certo... Bem, deu certo.

Mas foi só por um breve momento.

Acontece!

Este capítulo combina com **"Enchanted"**, de Taylor Swift

Sobre conhecer novas pessoas

De vez em quando a gente conhece pessoas que com o tempo vão se tornando mais do que especiais para a gente e eu acho que essa é uma das melhores partes de conhecer alguém novo. A gente sabe quando alguém aparece para mudar nossa vida ou o nosso "conceito".

Eu sempre tive um pouco de dificuldade em fazer novas amizades porque era muito tímida, então a internet me ajudava nesse quesito, conseguia conhecer novas pessoas diariamente.

E não foi diferente com o John.

O John era considerado "o cara mais gato de todos" por várias meninas da cidade. Não lembro ao certo quando começamos a nos falar, mas eu sei que foi por uma dessas redes sociais, e todas as vezes que eu me lembro dessas conversas tenho vontade de rir das besteiras. Não era o tipo de coisa que fluía, era mais como simples perguntas e respostas; hoje tenho a sensação de que ele só me respondia por pura "educação". Bem... Como vocês já devem imaginar, a paixãozinha dos meus quinze anos não deu em nada. Naquela época não fez diferença alguma, até porque eu estava começando a ter relacionamentos, então eu não liguei para aquela situação.

Vez ou outra ainda surgia um "Oi, tudo bem?", mas nada mais do que isso.

Três anos depois surge o cara falando comigo e, automaticamente, eu já começo a rir quando vejo a notificação com seu nome. Ah! Fala sério, eu passei meses e meses super a fim dele e ele nunca me deu a mínima, e depois de anos ele vem falar?! No caso, eu pensei alto demais, porque na mensagem ele só queria saber uma informação (risos) sobre um curso que eu estava fazendo e do qual em alguns meses ele iria ser tutor, ou algo do tipo.

Na hora lembro que revirei os olhos e pensei "Sério que vou ter que vê-lo quase todos os dias?". O fato é que, depois do que aconteceu e como eu fui amadurecendo, vi que o cara não era tudo aquilo que falavam e acabei ficando meio "bleh!" por toda a situação.

Quando o encontrei pela primeira vez no curso morri de vergonha porque na hora só me veio o lembrete das novas conversas e do tanto que eu era tola. Mas da mesma maneira eu não era nada igual àquela garota de quase quatro anos atrás. Por isso, me acalmei.

Conversamos um pouco e... Ops! Estava me interessando por ele mais uma vez?! Não lembrava que ele era tão divertido assim. As coisas realmente haviam mudado. Para ambos. A verdade é que tinha alguma coisa, que eu ainda não fazia ideia do que era, mas que me dava vontade de tentar mais uma vez, sabe?

Bem... Nada deu certo dessa também. Apesar de termos conversando, continuava sendo algo que não fluía muito.

Foi só um tempo depois de tudo isso que por algum motivo voltamos a conversar de verdade e dessa vez tudo estava realmente diferente. Nossas conversas se tornaram diárias, nos encontrávamos para conversar e rir por horas. Era como se dessa vez tudo parecesse certo. Era como se dessa vez eu realmente tivesse conhecido o John e no mesmo momento penso em como aquelas pessoas que falavam que ele era o cara mais gato de todos não faziam ideia do quanto ele era ainda mais bonito por dentro.

Sabe quando você conversa com uma pessoa e ela diz: "Te entendo! Também sou assim!"? Era assim em quase todos os momentos. Ele era o tipo de cara que se faz de duro quase sempre, mas é a pessoa mais doce, aquele tipo que tenta te incomodar a todo custo com provocações só para saber que, no final, você vai dar uma risada e putz... Quando ele soltava uma gargalhada era como se os seus olhos brilhassem. E os meus também, porque ficava mais encantada cada vez em que ele se abria mais para mim.

Hoje fico extremamente feliz por ver que o tempo passou e as coisas aconteceram no tempo em que eram para acontecer. Fico feliz também porque por tantas vezes a gente vive julgando o comportamento dos outros, mas não faz nem ideia de como o outro é por dentro, e descobrir isso... Ah! Foi o que mais me encantou.

Mas, como vocês já devem imaginar, não foi dessa vez que demos certo também.

Este capítulo combina com
"Stop and Stare",
de One Republic

A vontade de desistir de tudo

Dia desses estava olhando o Tumblr (sim, eu sou uma garota do Tumblr) e me deparei com a seguinte frase: "*Para todos que já tiveram um momento de fraqueza. Não vai doer para sempre, então não deixe isso afetar o que há de melhor em você*". Parei por um momento e fiquei pensando nisso. Por quantos momentos já passei e achei que seriam o fim do mundo e hoje simplesmente vejo que a dor passou? Inúmeros! Dores de sentir o corpo todo tremer e o coração se partir aos pouquinhos. Gosto de pensar o quanto esses momentos me fortaleceram e o quanto eu sou melhor e mais "durona" hoje. É engraçado que já aconteceram situações de as pessoas chegarem para mim e falarem "Nossa, mas você está tão tranquila com tudo isso", e hoje eu penso: eu vou me desesperar para quê? Já, já isso passa e tudo volta aos eixos. Mas não é sempre que eu consigo ficar tranquila. Não mesmo.

Sabe aquela história de as coisas sempre caírem no lado do mais fraco? No caso a mais fraca sou sempre eu.

E quando esse tipo de coisa acontece não consigo ficar tranquila, e a vontade de jogar tudo para cima é sempre maior do que eu. Inclusive no momento estou com medo de continuar escrevendo sobre isso e alguém nada a ver com nada achar que tenha sido uma indireta, e a confusão está feita.

Foda-se.

Continuando, teve um dia que eu e minhas amigas saímos com uns caras para jogar conversa fora, algo bem tranquilo, mas queríamos deixar as coisas assim. Sem precisar ficar postando em todas as redes sociais e contando para Deus e o mundo, sabe? O que aconteceu? As pessoas ficaram sabendo e para variar aumentaram a história dez vezes mais... Cidade pequena é assim, mas para completar toda a culpa por ter "vazado" a história e aumentado foi de quem? Euzinha. Na hora já me bateu o desespero. Sou mole para essas coisas, tentei provar de todas as formas possíveis que não fui eu, caí aos prantos e gastei todas as minhas forças com isso. É exaustivo e é impossível não ficar triste.

Lembram a ligação que recebi no texto "Não seja tão dura com você mesma"?. Vou explicar melhor sobre.

Eu recebi uma ligação da única pessoa no mundo que fazia meu corpo inteiro tremer; sim, o cara ainda mexia muito comigo. Foi o tipo de coisa que me deixou sem palavras e que eu realmente ainda não consigo falar sobre, porque minha garganta parece travar. Fiquei arrasada, me vi perdendo todos os sentidos, perdendo toda a noção, e o pior de tudo, me perdendo.

O verdadeiro problema é que quando esse tipo de situação acontece, além de ficar realmente mal, eu começo a repassar todos os meus problemas atuais que eu resolvi enfrentar e começo a pensar se fiz o certo em enfrentá-los. Se fiz o certo em continuar aqui. Começo a pensar por que eu estou fazendo esse curso nessa universidade quando queria outra, por que eu continuo nessa cidade, por que eu não consigo chegar aonde eu quero, por que as pessoas simplesmente passam por cima de mim como se eu não tivesse nenhum talento, por que não deu certo com aquele cara quando tudo parecia bem?

Por quê? Minha cabeça se enche de um "porquê" interminável e com isso vem uma vontade de desistir de tudo. Uma vontade de jogar tudo para cima e sair correndo, mas sabemos que na realidade não é bem assim. Que as coisas são realmente complicadas e que se não soubermos lidar com as situações, contornando-as, vamos enlouquecer de verdade.

Eu, mais do que ninguém, sei o quanto é exaustivo continuar, parece que por mais que você continue andando não sai do lugar. Eu sei. Eu me senti assim diversas vezes. Fico pensando quando as coisas vão finalmente dar certo, quando todo esse meu esforço e minha dedicação vão finalmente valer a pena. E se nunca der? Sinto-me em pânico. Não é bem mais fácil eu evaporar do mundo? Tudo ia ser mais tranquilo. Esse tormento na minha cabeça vem me matando. E agora o que eu faço? Começo a sentir falta de ar.

Por um momento consigo pensar naquela frase que vi dia desses no Tumblr: "*Não vai doer para sempre, não deixe isso afetar o que há de melhor em você*". Respira.

Calma. Eu preciso ter calma, sair dessa situação; não posso desistir agora. Em vez de jogar tudo que eu conquistei até hoje para o alto, eu deveria era sim jogar todas as coisas ruins bem longe, né?

É. É isso que vou fazer. A partir de hoje não vou me desgastar com essas coisas. Foco em mim, foco em conquistar tudo o que eu desejo, foco no meu futuro. Já, já essa dor passa. Tudo vai ficar bem novamente.

Né?

Este capítulo combina com **"Can't Live Without You"**, de Owl City

Quando você não consegue esquecer o cara

Existe aquela pessoa que você se pergunta se um dia vai deixar de amar por mais que surjam novas pessoas diariamente.

Sabem o Pablo? Ah... Sei lá. Tenho a sensação de que nunca vou deixar de amá-lo. Já faz tanto tempo que estamos separados, mas sempre que ele me faz dar uma risada eu só consigo pensar no quanto aquilo me faz bem e no tanto que eu queria ter a chance de reviver nossos momentos.

Já contei que eventualmente acabamos no tornando "amigos" e trocávamos algumas poucas mensagens, mas recentemente essas poucas acabaram se tornando cada vez mais frequentes e, apesar de ele ter se mudado – o que eu achei que iria facilitar o esquecimento, mas piorou –, eu ainda conseguia sentir algo muito forte por ele.

Era o tipo de coisa que, por mais que eu tentasse conhecer outros caras e me afastar um pouco dele, parecia que assim que nos falássemos tudo aquilo voltaria instantaneamente.

E aquilo parecia tóxico.

Lá no fundo a gente sabe que nunca iria render em nada e droga! Ele era aquele tipinho banal que diz que não sabemos o que vai acontecer lá na frente, e apesar de realmente não sabermos, essa é a forma mais típica de prender (iludir) uma garota. Isso não existe. Quando um cara realmente quer só existe o presente, mas ele ainda conseguia me conquistar a cada vez que dizia que agora não parecia o momento certo, mas que no futuro... quem sabe.

Nos momentos em que colocava minha cabeça no lugar percebia que realmente aquilo não era nada bom e que não ia me permitir mais isso, e... Sim. Ele me fazia mudar de opinião em questão de segundos. Eu me sentia totalmente agoniada por não conseguir me "livrar" daquilo. Não parecia certo continuar ali. Não parecia certo sacrificar outros relacionamentos por isso. Não parecia certo pensar mil vezes em viajar para visitá-lo. Não parecia certo continuar ali só como um apoio e como era difícil continuar amiga dele, porque, por mais que eu quisesse demonstrar que era amizade e só, sabíamos que não era. E isso dificultava muito.

Via minha cabeça dar um nó tantas vezes que chego a não conseguir entender nada do que acontecia.

Parecia que eu já havia tentado de tudo e mesmo assim não conseguia esquecê-lo, e cada vez que ríamos juntos... ah... eu o amava mais e desejava que pudéssemos ficar juntos dessa vez. Mas não iríamos e isso era muito triste.

A verdade é que precisava esquecê-lo de vez, mas não queria apagá-lo da minha vida, porque ele foi uma pessoa realmente muito especial. Aprendi que por mais que eu tentasse e quisesse esquecê-lo eu não ia conseguir de uma hora para outra nem depois que conhecesse todos os caras do mundo, porque na verdade eu só estava conhecendo para que fossem os meus "tapa-buracos".

Mas acreditem em mim: hoje, depois de meses e meses permitindo me entregar em um relacionamento que não era correspondido, eu posso dizer que não o amo mais. Ou até amo, como uma pessoa de quem vou querer o bem sempre, mas de outra forma... Definitivamente não.

Como isso aconteceu? Ah, foi graças a outra pessoa que surgiu na minha vida, mas não com a intenção de ser "tapa-buracos" ou qualquer coisinha do tipo: esse chegou para ser uma daquelas pessoas que fariam parte do nosso livro de amores mais belos, e a história parecia ser mais bela do que a do Pablo.

Era o Henri.

Este capítulo combina co
"Stop Crying Your Heart Ou
de Oasis

Recomeçar

Sempre escutei a frase "Recomeçar é sempre bom, possível e necessário" com um sentimento de esperança no peito.

Recomeçar.

Somos feitos de ciclos e fases. Tudo o que vivenciamos diariamente nos mostra isso e é graças a esse impulso de sabermos que tudo é uma questão de ser apenas um ciclo que nos faz acreditar que podemos recomeçar quando quisermos. Isso nos dá forças para continuarmos quando as coisas apertam de uma forma que não sabemos como respirar. Isso nos faz acreditar que sempre tem uma luz no final do túnel onde vai ser possível sentir a calmaria de um vento no rosto, e não um furacão.

Sempre que penso em recomeços, automaticamente sinto um alívio. O ano-novo é a maior prova disso. De que quando o ano virar seremos melhores e a vida será incrível e etc. Eu faço parte do time que acredita firmemente no recomeço do ano-novo, faço parte do time que planeja e que deixa tudo de ruim que o ano anterior trouxe.

E eu fico pensando que é isso: os recomeços só funcionam de verdade quando deixamos o que não funciona mais para trás.

Vejo muitas pessoas falarem que a partir daquele momento vão começar uma vida nova e que tudo vai mudar, mas basta uma questão de segundos para elas se renderem ao lento do drama do que simplesmente não aconteceu ou do que aconteceu e não teve como ser evitado.

Recomeçar no dicionário de uns parece ser extremamente fácil e simples, mas não é um simples botão que apertamos e mudamos tudo. Sabemos que não.

Digo isso porque a cada domingo que chegava eu dizia que na segunda-feira eu seria uma pessoa diferente. Iria cuidar mais de mim, iria estudar mais, escrever mais, e, claro, começar a dieta. Mas eu sabia que por mais que eu repetisse aquilo diversas vezes, se eu não quisesse de verdade, do fundo do meu coração, as coisas nunca iriam mudar. Porque os recomeços só são reais quando estamos prontos e de braços abertos.

Esse foi só um exemplo bobo para te fazer repensar em todo o resto.

Eu sei que muitas vezes estamos presas em problemas e situações enormes, e deixá-los para trás parece ser um tormento e algo incrivelmente impossível, mas lembra que não existe nada de impossível quando a gente quer? E quando a gente precisa, então... Trata-se de uma necessidade.

Agora sempre que penso em recomeçar eu paro um pouco e vejo por tudo que passei, que conquistei ou não, que prometi e não cumpri. Penso em todas as vezes que me arrisquei em grandes aventuras e me fechei por medo de me ferir. E sabe por que eu penso nisso tudo? Porque eu sei que tudo está interligado e que se eu não tivesse passado por aquela tal situação, por pior que fosse, eu não teria vivenciado tantas outras, magníficas ou não.

Recomeçar e esvaziar a mente, o coração e a alma. E acreditar que você tem uma nova chance de perdoar, fazer melhor, fazer mais, dar mais e amar mais! E claro, parar de ter medo de experimentar coisas novas pelo medo de se ferir novamente. É preciso aceitar e aproveitar tudo que venha a acontecer.

Cada recomeço é um novo caminho que se abre, e se você tem a opção de escolhê-lo, aproveite e saiba que é sempre possível recomeçar quando não souber mais para onde ir.

Mas lembrem-se: recomeços são como saídas de emergência, nem sempre tudo é para ser jogado para o alto porque você simplesmente tem a oportunidade de recomeçar.

Aprecie os momentos e as fases.

São só fases.

Este capítulo combina co
"Changing Of The Seasons"
de Two Door Cinema Clu

A sensação de se arriscar nas incertezas

Lembro-me da sensação de estar satisfeita com algo e de toda a felicidade por ter feito aquela escolha. Eu gosto dessa sensação. Ela é a responsável por me fazer começar novos projetos e nunca me acomodar com o que parece estar "mais ou menos" ou muito menos com o que não está nada bem na minha vida. É por essa sensação de prazer e satisfação que eu tento ser melhor dia após dia.

Quando eu terminei de escrever sobre toda a minha insegurança com relação a não conseguir fazer as coisas que vinha planejando por tanto tempo, no momento em que tomei outra decisão que possivelmente ia demorar mais para me levar a São Paulo (mas uma hora ia levar) eu sabia que eu não ia ficar satisfeita por muito tempo. Tentei me enganar diversas vezes com aquele "Apenas respire e continue". Eu sabia lá dentro de mim que chegaria a hora em que eu não conseguiria mais respirar, muito menos continuar.

Bem... E quando essa hora chegou foi a vez de pensar em novas estratégias para seguir.

Eu não consigo, ao contrário de muitas pessoas, me agradar com o que está mais ou menos; isso não me deixa feliz. E acredito que uma das melhores coisas da vida é viver por aquilo que faz bem para a gente.

Ir estudar em São Paulo nunca se resumiu em ter uma vida de princesa por lá sendo sustentada totalmente pelos meus pais. Eu sabia que teria que aprender a me virar como nunca e encontrar novos meios de me estabilizar ali, apesar de toda a ajuda que eu receberia inevitavelmente. Eu sabia que não seria simplesmente se mudar e estudar. Teria muito mais coisa por trás que talvez eu possa até imaginar, mas não tenho a mínima noção de como vai ser na prática. E essa é a pior parte de tudo.

Eu acredito que mesmo que os meus pais tivessem muito dinheiro eu não iria querer me acomodar com aquilo. Para mim, a sensação de conquistar algo pelo meu esforço e pelo meu suor vale muito mais a pena. Eu não consigo simplesmente me "acomodar".

Minha cabeça começou a funcionar mais uma vez como nunca. Hora de pôr tudo no papel e pensar. As novas estratégias surgiam a todo o momento, mas eu acredito que sempre existem aqueles momentos em que sua cabeça simplesmente se ilumina e o caminho certo parece ficar cada vez mais claro.

Comecei a olhar as universidades novamente e a sonhar mais uma vez. Meus olhos brilhavam cada vez que eu via o quanto o ensino em São Paulo seria melhor ao que eu estava tendo, o quanto aquilo faria bem ao meu futuro.

Já sei! Vou falar com a Julia, uma amiga minha que mora lá, e perguntar se eu poderia ficar algum tempo na casa dela até me encontrar na cidade, assim ela poderia me ajudar a me virar sozinha. Isso! Ela faz universidade na mesma que eu quero? Oba!

As coisas pareciam realmente se encaixar, agora parecia o momento certo.

Mas ainda não seria tão fácil assim. A segunda parte seria convencer meus pais, afinal eu realmente iria precisar da ajuda deles, principalmente agora no início. Não que eles fossem me proibir de estudar fora, mas eu sei que alguma parte deles ainda tem uma mente um pouco fechada quanto a esse assunto e tem medo de, bem, não terem como me ajudar quando eu já estiver lá. Sozinha.

Lembro que da primeira vez eu realmente senti raiva por eles pensarem assim, mas hoje não os julgo por causa disso, foi por isso que resolvi pensar em outra estratégia.

Primeiro eu tinha certeza de que precisaria encontrar um emprego em São Paulo e, graças ao blog, isso seria mais fácil por conta dos contatos que estabeleci. Mas até lá eu precisava juntar dinheiro rápido e assim tirar um pouco o peso de preocupação dos meus pais. A primeira ideia que tive foi fazer um bazar com as minhas roupas. Isso talvez desse certo. E deu! A segunda seria levar o meu livro para as editoras e, se você está lendo isso agora... deu certo!

Porém, caso essa segunda não tivesse dado certo, eu iria fazer um empréstimo no banco...

Acreditem, nunca entendi nada disso e para mim sempre significou uma zona a que eu não queria ou deveria chegar, mas agora ela parecia necessária, e depois de ler vários livros em que alguns autores falaram que tiveram que tirar um pequeno empréstimo para poder conseguir crescer, isso me impulsionou um pouco. Hora de pesquisar um pouco e não precisaria de muito, só o necessário para realmente dar aquela ajudinha.

É. Dessa vez parece que as coisas vão funcionar. Eu tinha a sensação de que estava me arriscando na maior incerteza da minha vida... No meu futuro. Eu estaria saindo totalmente da minha zona de conforto para me arriscar em uma vida que eu ainda não conhecia.

E a sensação não poderia ser melhor.

Você com certeza deve estar se perguntando o que aconteceu a seguir, bem... Isso eu deixo para contar depois!

E sobre o Henri também.

Shiu!

Agradecimentos

Não poderia deixar de agradecer aos meus pais, Giovana e Genilson Cabral, por acreditarem em mim, mesmo quando muito nova criei um blog, e que sempre falavam o quanto eu escrevia bem – me impulsionando a publicar meus textos.

Às minhas amigas, Alice, Isabella Maroja e Babi Colognori por serem fantásticas e por estarem presentes em tantas histórias vividas. Por me acompanharem nas madrugadas em que passei acordada escrevendo o livro e por mandarem mensagens atentas com seu prazo de finalização.

Ao meu terapeuta, Fabiano Moura de Moura, por me acolher quando cheguei extremamente nervosa e sem saber o que fazer. Por me aconselhar sobre o livro e acompanhar todo o processo. Por me ajudar a distinguir sempre o caminho certo do errado e entender que sempre existe uma alternativa para tudo, por mais desesperador que pareça.

Ao GF por ser uma pessoa incrível e um amigo muito mais do que fantástico. Por acreditar em mim quando apenas me conhecia de algumas redes sociais. Por me escutar e me entender, longe ou perto. Por fazer os meus olhos brilharem só por ser quem é.

À Editora Novo Século por me dar um voto de confiança e acreditar com todas as forças em meu projeto.

E, por fim, a todos que fizeram parte de alguma história deste livro. Por me ajudarem mais do que tudo a crescer e me tornar uma pessoa melhor. E, claro, por me renderem boas histórias! HAHA!

FONTE: Century Gothic
IMPRESSÃO: Sermograf
#Novo Século nas redes sociais
novo século
www.novoseculo.com.br